FRANCISCO
XAVIER

IDEAL ESPÍRITA

AUTORES DIVERSOS

Capa de Jo

2.ª Edição — 1963

Totaliza 15.100 exemplares

EDIÇÃO CEC

Comunhão Espírita Cristã
R. Seis, 215 - V. Silva Campos
Uberaba — M. G.

ESCLARECIMENTO AO LEITOR

Esta nova edição procura contemplar os textos dos diversos autores espirituais, psicografados por Francisco Cândido Xavier e Waldo Vieira, conforme registrado na segunda edição, arquivada e disponível para consulta nos acervos da FEB (Patrimônio do Livro e Biblioteca de Obras Raras).

Dessa forma, as modificações ocorrerão apenas no caso de haver incorreção patente quanto à norma culta vigente da Língua Portuguesa no momento da publicação, ou para atender às diretrizes de normalização editorial previstas no Manual de Editoração da FEB, sem prejuízo para o conteúdo da obra nem para o estilo do autor espiritual.

Quando se tratar de caso específico que demandar explicação própria, esta virá como nota de rodapé, para facilitar a compreensão textual.

Para a redação de cada nota explicativa, sempre que necessário foram consultados especialistas das áreas afetas ao tema, como historiadores e linguistas.

A FEB reitera, com esse procedimento, seu respeito às fontes originais e ao fenômeno mediúnico de excelência que foi sempre a marca registrada do inesquecível médium Francisco Cândido Xavier.

FEB EDITORA

Brasília (DF), 2 de setembro de 2022.

Ideal
Espírita

Copyright © 2022 by
FEDERAÇÃO ESPÍRITA BRASILEIRA - FEB

Direitos licenciados pela Comunhão Espírita Cristã à Federação Espírita Brasileira
COMUNHÃO ESPÍRITA CRISTÃ - CEC
Rua Professor Eurípedes Barsanulfo, 157/185 - Parque das Américas
CEP 38045-040 - Uberaba (MG) - Brasil

1ª edição – 1ª impressão – 2 mil exemplares – 10/2023

ISBN 978-65-5570-577-5

Esta obra foi revisada com base no texto da segunda edição de 1963.

Todos os direitos reservados. Nenhuma parte desta publicação pode ser reproduzida, armazenada ou transmitida, total ou parcialmente, por quaisquer métodos ou processos, sem autorização do detentor do *copyright*.

FEDERAÇÃO ESPÍRITA BRASILEIRA – FEB
SGAN 603 – Conjunto F – Avenida L2 Norte
70830-106 – Brasília (DF) – Brasil
www.febeditora.com.br
editorial@febnet.org.br
+55 61 2101 6161

MISTO
Papel produzido a partir de fontes responsáveis
FSC® C112836

Pedidos de livros à FEB
Comercial
Tel.: (61) 2101 6161 – comercial@febnet.org.br

Dados Internacionais de Catalogação na Publicação (CIP)
(Federação Espírita Brasileira - Biblioteca de Obras Raras)

X3i   Xavier, Francisco Cândido, 1910-2002
       Ideal Espírita / por Espíritos diversos ; [psicografado por] Francisco Cândido Xavier e Waldo Vieira. – 1. ed. – 1. imp. – Brasília: FEB; Uberaba: CEC, 2023.

       424 p.: 13 cm

       Inclui índice geral

       ISBN 978-65-5570-577-5

       1. Espiritismo. 2. Obras psicografadas. I. Xavier, Francisco Cândido, 1910–2002. II. Vieira, Waldo, 1932-2015. III. Federação Espírita Brasileira. IV. Título.

       CDD 133.93
       CDU 133.7
       CDE 80.03.00

SUMÁRIO

Ideal espírita – Emmanuel 17

O máximo no mínimo – André Luiz 21

1 | Cura e caridade – Emmanuel 27

2 | Avise a você – André Luiz. 31

3 | A novidade maior – Emmanuel 36

4 | Cem por um – Eurípedes Barsanulfo 40

5 | Espera e ama sempre – Meimei 45

6 | Perseverar – Emmanuel 49

7 | Você pode – André Luiz 53

8 | A negação do impossível – Augusto Silva 57

9 | Paciência – Emmanuel 62

10 | Não desdenhe brilhar – Valérium 66

11 | Fé e caridade – André Luiz 70

12 | Doadores de suor – Aura Celeste 73

13 | Barragem – Emmanuel 76

14 | Cristãmente – André Luiz 80

15 | Rogativa do outro – Meimei. 83

16 | Sinônimos – André Luiz. 86

17 | Cultura de graça – Scheilla 88

18 | Em você – André Luiz. 92

19 | Hoje sim – Emmanuel. 95

20 | Donativos menosprezados – Militão
Pacheco. 97

21 | Mágoa – André Luiz 103

22 | O espantalho – Hilário Silva. 107

23 | No mundo íntimo – Emmanuel. 111

24 | No serviço assistencial – André Luiz . . 115

25 | Mensagem do homem triste – Meimei 119

26 | Um minuto – Valérium 123

27 | Sinais de alarme – Scheilla. 125

28 | Decálogo de aperfeiçoamento – André
Luiz 128

29 | Oração e serviço – Albino Teixeira.... 131

30 | Sejamos simples – Emmanuel........ 134

31 | Única medida – André Luiz.......... 139

32 | Na experiência atual – Lameira de
Andrade............................... 141

33 | Caminho alto – Emmanuel.......... 146

34 | Entendamos – André Luiz........... 151

35 | Mensagem ao semeador – Meimei.... 156

36 | Decididamente – André Luiz 162

37 | Cérebro e estômago – Scheilla....... 165

38 | Pontos a ponderar – André Luiz..... 170

39 | Indução e doação – Albino Teixeira... 174

40 | Nas culminâncias da luta – Cairbar
Schutel............................. 177

41 | Antes, porém... – André Luiz........ 184

42 | O sublime convite – Emmanuel 188

43 | Limpeza – Albino Teixeira........... 192

44 | Ouvindo a Natureza – André Luiz 195

45 | Oração do dinheiro – Meimei 199

46 | A religião de Jesus – Ewerton Quadros 203

47 | Nota de paz – Emmanuel 208

48 | Em favor de você – André Luiz 212

49 | Palavras e ações – Albino Teixeira 215

50 | O pacto de amor universal – André Luiz 217

51 | Resposta da caridade – Meimei 223

52 | O futuro genro – Hilário Silva 227

53 | Em casa – Emmanuel 232

54 | Senhas cristãs – André Luiz 238

55 | Fenômenos mediúnicos – Albino Teixeira 241

56 | Nossa vida mental – André Luiz 244

57 | Pede ajudando – Emmanuel 248

58 | Caminhos retos – André Luiz 252

59 | Dádiva esperada – Albino Teixeira....254

60 | Justos e injustos – Augusto Silva.....256

61 | Construir – André Luiz..............261

62 | Fé – Hilário Silva 265

63 | Lei do trabalho – Emmanuel 270

64 | Em silêncio – André Luiz............274

65 | Caridade: Solução – Fabiano de Cristo
..................................277

66 | Caos de emoção – Valérium 281

67 | Alegria – Meimei 284

68 | Evite confundir – André Luiz 286

69 | Pensei nisso – Albino Teixeira 290

70 | A caridade nunca falha – Emmanuel ..293

71 | Um tanto mais – André Luiz 398

72 | Condição irrecusável – Lameira de
    Andrade 303

73 | Pronto-socorro – Emmanuel 310

74 | Você está acamado? – André Luiz 315

75 | O instrumento – Scheilla 319

76 | Indulgência – André Luiz............323

77 | Rogativa da juventude – Meimei......328

78 | No curso da vida – André Luiz 331

79 | Divino aviso – Albino Teixeira 335

80 | O salário da abnegação – João Modesto
.................................338

81 | Calma – André Luiz.................344

82 | O fio esquecido – Valérium 347

83 | Obediência – Emmanuel 350

84 | Na romagem da vida – André Luiz ...352

85 | Vinte exercícios – Scheilla 356

86 | Dívidas – Emmanuel................360

87 | Amando sempre – Meimei...........364

88 | Preceitos de toda hora – André Luiz ..367

89 | Sonhos vivos – Albino Teixeira....... 371

90 | Orar e perdoar – Emmanuel 374

91 | Erros – André Luiz 378

92 | Vem aí – Valérium 381

93 | Deus pode – Meimei 384

94 | Definições – André Luiz...........387

95 | Treinamentos e regimes – Scheilla...390

96 | Antevidência Divina – André Luiz....395

97 | Desequilíbrios – Albino Teixeira.....399

98 | Oásis de luz – Meimei..............402

99 | Um momento – André Luiz.........407

100 | Entre as rotas do mundo – Maria Celeste....................410

Índice geral 416

IDEAL ESPÍRITA

Um livro em miniatura — solicitam-nos amigos domiciliados na esfera física, — um livro que caiba no bolso para ser manuseado em qualquer lugar, conjunto leve de folhas simples que veicule o pensamento espírita sem dificuldade, seja no intervalo de serviço ou no percurso do ônibus, na excursão fortuita ou no repouso eventual, nos momentos da sala de espera ou em breves ensejos de observação e reflexão em locais públicos.

Desse propósito nasceu o presente volume[1] em que se alinham páginas e anotações despretensiosas de vários amigos desencarnados, comentando os aspectos multifaces da Doutrina do Amor, que nos reúne nas mesmas aspirações.

Claramente, não podemos prescindir, em tempo algum, do estudo aturado das várias disciplinas que nos abrem caminho ao burilamento da própria alma, cabendo-nos o

---

[1] Com a indicação e supervisão de Emmanuel, o conhecido benfeitor espiritual, os médiuns Francisco Cândido Xavier e Waldo Vieira formaram as páginas deste livro, responsabilizando-se o primeiro pelas mensagens de números ímpares e o segundo, pelas de números pares, esclarecendo-se que foram psicografadas por ambos em reuniões íntimas e públicas.

dever de prestigiar incondicionalmente a escola e a biblioteca, os salões de leitura e os institutos de educação.

A Terra agitada de hoje, porém, exige se estenda o esclarecimento rápido a todos os que, preocupados e inquietos, se mergulham nas atividades turbilhonantes de cada dia.

Em toda parte, a imprensa responde às requisições dessa ordem, publicando seleções e sínteses, resenhas e condensações de múltiplas matérias para facilidade dos leitores.

Nessa diretriz, ergue-se-nos o trabalho em que diligenciamos trazer aos irmãos e associados de esperança e de ação, respostas e informes instantâneos às inquirições endereçadas ao nosso ideal espírita.

Oferecemos, assim, a todos os companheiros o fruto humilde do tentame realizado, agradecendo não só aos corações generosos que nos auxiliaram em semelhante empresa, mas também rogando a luz e a bênção de Nosso Senhor Jesus Cristo para eles e para nós.

EMMANUEL

Uberaba (MG), Natal de 1962.
(Página recebida pelo médium Francisco Cândido Xavier.)

O MÁXIMO NO MÍNIMO

A cada giro da Terra sobre si mesma, a vida humana surge diferente.

Aos clarões de cada alvorecer, raios solares sazonam no campo das consciências largas sementeiras de ideias novas.

No entanto, paradoxalmente, *nihil novi sub sole*...

A necessidade basilar e inevitável do mundo prossegue... Multidões mentalmente acorrentadas às bastilhas milenares de preconceitos e excessos, enganos e viciações esperam que as verdades espirituais lhes facultem a necessária libertação.

Habitualmente, o homem transporta consigo o relógio ou a caixa de fósforos, sem que tais objetos lhe injuriem a apresentação pessoal. Por que não usar igualmente pequeno marcador de atitudes ou reduzido estojo de pensamento?

O jovem carrega, com frequência, a máquina fotográfica ou o rádio transistor colados à vestimenta. Por que não trazer também leve transmissor de lembretes renovadores?

A dona de casa acostuma-se a comprar refeições concentradas que podem ser conduzidas, junto do próprio espelho, na bolsa de mão. Por que não servir-se de minúsculo pacote contendo alimento espiritual?

O negociante guarda constantemente na algibeira o talão de cheques ou a caderneta de anotações, sem ao menos dar por isso. Por que não se utilizar, no mesmo sentido, de um memorando esclarecedor?

O estudante de línguas maneja dicionários-mirins, em qualquer parte, penetrando as regras dos idiomas que aspira a aprender. Por que não compulsar diminuto volume didático de orientação íntima?

A divulgação cultural que vem acompanhando o ritmo de progresso de todos os sistemas de comunicação existentes na atualidade terrestre oferece-nos a possibilidade do livro de bolso que, aplicada ao Espiritismo, nos proporciona hoje o máximo de assuntos espíritas no mínimo de espaço, facultando-nos o entendimento rápido com o nosso ideal, erguido à posição de órgão consultivo da consciência.

Todos somos, dia a dia, situados em testes e provas de melhoria e aperfeiçoamento e, repetidamente, a meditação de um minuto, nos instantes críticos, vale mais que o planejamento de uma semana fora deles, facilitando o trabalho de uma existência inteira ou solucionando problema de séculos.

Aproveitemos os valores da evolução e atendamos, juntos, ao estudo libertador que nos descerra gloriosos portais abertos para o Infinito.

ANDRÉ LUIZ

Uberaba (MG), Natal de 1962.
(Página recebida pelo médium Waldo Vieira.)

1
CURA E CARIDADE

Cada vez que nos reportamos aos serviços da cura, é justo pensar nos enfermos, que transcendem o quadro da diagnose comum.

Enxameiam, aflitos, por toda parte, aguardando medicação.

Há os que cambaleiam de fome, a esmolarem doses de alimentação adequada.

Há os que tremem desnudos, requisitando a internação em roupa conveniente.

Há os que caem desalentados, a esperarem pela injeção de bom ânimo.

Há os que se arrojaram nos tormentos da culpa, rogando tranquilizantes do esquecimento.

Há os que se conturbam nas trevas da obsessão a pedirem palavras de luz por drágeas de amor.

Há os que choram de saudade nos aposentos do coração, suplicando a bênção do reconforto.

Há os que foram mentalmente mutilados por desenganos terríveis, a suspirarem por recursos de apoio.

E há, ainda, aqueles outros que se envenenaram de egoísmo e frieza, desespero e ignorância, exigindo a terapêutica incessante da desculpa incondicional.

*

Ajuda, sim, aos doentes do corpo, mas não desprezes os doentes da alma, que caminham na Terra aparentemente robustos, carregando enfermidades imanifestas que lhes consomem o pensamento e desfiguram a vida.

Todos podemos ser instrumentos do bem, uns para com os outros.

Não esperes que o companheiro se acame prostrado ou febril para estender-lhe esperança e remédio.

Auxilia-o, hoje mesmo, sem humilhar ou ferir, de vez que a verdadeira caridade, tanto quanto possível, é tratamento indolor da necessidade humana.

Os emissários do Cristo curam os nossos males em divino silêncio.

Diante dos outros, procedamos nós igualmente assim.

EMMANUEL

2
AVISE A VOCÊ

Aprenda a admoestar-se, antes que a vida admoeste a você.

Se o seu problema é alimentar-se excessivamente, exponha na mesa esta legenda escrita, diante dos olhos:

— *Devo moderar meu apetite.*

Se a sua luta decorre da preguiça, dependure este dístico à frente do próprio leito para a reflexão cada manhã:

— *Devo trabalhar honestamente.*

Se a sua intranquilidade surge da irritação sistemática, coloque este aviso em evidência no lar para observação incessante:

— *Devo governar minhas emoções.*

Se o seu impedimento irrompe de vícios arraigados, carregue consigo um cartão com esta lembrança breve:

— *Devo renovar-me.*

Se o seu caso difícil é a inquietação sexual, traga no pensamento este aviso constante:

— *Devo controlar meus impulsos*.

Se o seu ponto frágil está na palavra irrefletida, espalhe este memorando em torno de seus passos:

— *Devo falar caridosamente*.

Não acredite em liberdade incondicional. Todo direito está subordinado a determinado dever. Ninguém abusa sem consequências.

Repare os sistemas penalógicos da vida funcionando espontaneamente.

Enfermidades compartilham excessos...

AVISE A VOCÊ

Obsessões cavalgam desequilíbrios...

Cárceres segregam a delinquência...

Reencarnações expiatórias acompanham desatinos...

Corrijamos a nós mesmos, antes que o mundo nos corrija.

Todos sabemos proclamar os méritos do pensamento positivo, entretanto, não há pensamento positivo para o bem sem pensamento reto.

O tempo é aquele orientador incansável que ensina a cada um de nós, hoje, amanhã e sempre, que ninguém pode realmente brincar de viver.

ANDRÉ LUIZ

3
A NOVIDADE MAIOR

Inegavelmente o mundo progride, embora com lentidão.

À vista disso, em cada dia, é natural que a Terra surja, de algum modo, renovada em si mesma.

Entretanto, forçoso convir que no lado externo das situações e das coisas, com leves modificações, aquilo que vemos agora é o que já vimos.

O Sol cuja marcha Josué supôs haver paralisado no combate contra o rei de Jerusalém é o mesmo que clareia a estrada do deserto para o beduíno de hoje.

A Lua que afagava a cabeça de Sócrates não sofreu diferenças.

O mar que Tibério fitava das alturas de Capri oferece atualmente o mesmo espetáculo de imponência e beleza.

As grandes cidades da hora moderna são herdeiras das grandes cidades que o tempo sepultou em valas de cinza.

As tricas políticas que criam a guerra, nos dias que passam, não obstante mais espaçadas, são idênticas às que faziam a guerra no tempo dos faraós.

Os escritores de inspiração infeliz que há milênios envenenavam a cabeça do povo são substituídos na época presente pelos escritores inconsequentes que articulam palavras nobres e corretas fomentando os vícios do pensamento.

Inegavelmente o progresso é a lei, contudo, só o conhecimento de nós próprios conseguirá realmente fundamentá-lo e apressá-lo em sadios alicerces na experiência.

Por essa razão, a maior novidade para nós, acima de tudo, ainda e sempre, é a nossa possibilidade imediata de manejar a própria vontade e melhorar a vida, melhorando a nós mesmos.

EMMANUEL

4
CEM POR UM

Ócio, em qualquer parte, constitui esbanjamento.

Tudo vibra em perpétua movimentação, sem vácuo ou inércia na substância das coisas.

O corpo humano e o corpo espiritual são construções divinas a se estruturarem sobre forças que se combinam e trabalham constantemente em dinamismo santificante. Sejamos, por nossa vez, peças atuantes do Evangelho Vivo, demonstrando que o serviço é condição de saúde eterna.

Insculpe por onde passes o rasto luminoso do entendimento. Edifica o bem, seja escutando o riso dos felizes ou assinalando o soluço dos companheiros desditosos, criando rendimento nos tesouros imperecíveis da alma.

Ampara e ajuda a todos, desde a criança desvalida, necessitada de arrimo e luz para o coração, até o peregrino sem teto, hóspede errante das árvores do caminho.

Conserva por medalhas de mérito os calos nas mãos que abençoam servindo, a fadiga nos músculos que auxiliam com entusiasmo, o suor na fronte que colabora pela felicidade de todos e os rasgões que te recordam as feridas encontradas no cumprimento de austeras obrigações.

Oremos na atividade construtiva que não descansa.

Cantemos ao ritmo da perseverança feliz.

Respiremos no hausto da solidariedade sem mescla.

A caridade converte o sacrifício em deleite, o cansaço em repouso, o sofrimento em euforia.

Ar puro — desfaz as emanações malsãs; água límpida — dissolve os detritos da sombra; sol matinal – dissipa as trevas...

Mãos vazias ou cabeça desocupada denunciam coração ocioso.

Sê companheiro da aurora, despertando junto com o dia nas obras de paciência e bondade, sustento e elevação.

A seara do Senhor no solo infatigável do tempo guarda riquezas inexploradas e filões opulentos. Aquele que grafa uma página edificante, semeia um bom exemplo, educa uma criança, fornece um apontamento confortador, entretece uma palestra nobre ou estende uma dádiva, recolherá, cem por um, todos os grãos de amor que lançou na sementeira do Eterno Bem, laborando com a Vida para a Alegria Sem Fim.

Eurípedes Barsanulfo

5
ESPERA E AMA SEMPRE

Quanta aflição desaparecerá no nascedouro, se souberes sorrir em silêncio! Quanta amargura esquecida, se desculpares o fel!

Rogas a paz do Senhor, mas o Senhor igualmente espera por teu concurso na paz dos outros.

Reflete nas necessidades de teu irmão, antes de lhe apreciares o gesto impensado. Em muitas ocasiões, a agressividade com que te fere é apenas angústia e a palavra ríspida com que te retribui o carinho é tão somente a chaga do coração envenenando-lhe a boca.

Auxilia mil vezes, antes de reprovar uma só.

O charco emite correntes enfermiças por não haver encontrado mãos que o secassem e o deserto provoca sede e sofrimento por não ter recebido o orvalho da fonte.

Deixa que a piedade se transforme no teu coração em socorro mudo, para que a dor esmoreça.

Não estendas a fogueira do mal com o lenho seco da irritação e do ódio!

Espera e ama sempre!

Em silêncio, a árvore podada multiplica os próprios frutos e o céu assaltado pela sombra noturna descerra a glória dos astros!...

Lembra-te do Cristo, o Amigo silencioso.

Sem reivindicações e sem ruído, escreveu os poemas imortais do perdão e do amor, da esperança e da alegria no coração da Terra.

Busquemos n'Ele o nosso exemplo na luta diária e, tolerando e ajudando hoje, na estreita existência humana, recolheremos amanhã as bênçãos da luz silenciosa que nos descerrará os caminhos da Vida Eterna.

MEIMEI

6
PERSEVERAR

...aquele que perseverar até o fim será salvo. — JESUS.

(*Mateus*, 10:22.)

Todas as vitórias da criatura são frutos substanciosos da perseverança.

Perseverando na edificação do progresso, mentes e corações, sem cessar, renovam os itinerários da própria vida.

PERSEVERAR

O estudante incipiente chega a ser o erudito professor.

O curioso bisonho transforma-se no artífice genial.

A alma inexperiente atinge a angelitude.

Dir-se-ia constituir o triunfo evolutivo um hino perene à constância no aprendizado.

Sem firmeza e tenacidade, a teoria do projeto jamais deixará o sonho do vir a ser...

Por esse motivo, compete-nos recordar a necessidade imperiosa da perseverança desde os mínimos cometimentos até às realizações mais expressivas do bem para atingirmos o êxito duradouro.

Sem a chama da perseverança, a educação não pode patrocinar a iluminação das consciências; a edificação assistencial não surge na face planetária qual farol benfazejo asilando os náufragos da viagem terrena, e o "homem de ontem" não alcança a claridade do "homem de hoje" para maiores conquistas do "homem de amanhã".

Se almejas superar a ti mesmo, recorda a firme inflexão da voz do

PERSEVERAR

Cristo Excelso: — "aquele que perseverar até ao fim será salvo".

Asila-te na fortaleza da fé viva, lembrando que os transes que te visitam, por mais profundos e desconcertantes, têm limites justos e naturais, e que nos cabe o dever de servir, confiar e esperar, para nossa própria felicidade, aqui e agora, hoje, amanhã e sempre.

EMMANUEL

7
VOCÊ PODE

Carregando nos próprios ombros as aflições que fustigam a Terra, o Senhor acreditou nas promessas de fidelidade que você lhe fez, enviando-lhe ao caminho aqueles irmãos necessitados de mais amor.

Chegam eles de todas as procedências...

É a esposa fatigada esperando carinho; é o companheiro abatido implorando, em silêncio, esperança e consolo.

De outras vezes, é o filho desorientado suplicando compreensão ou o parente, na hora difícil, aguardando braços fraternos.

Agora, é o amigo transviado, esmolando compaixão e ternura, depois, talvez, será o vizinho atormentado em problemas esfogueantes, pedindo bondade e cooperação.

Isso acontece, porquanto você pode compartilhar com Ele a tarefa do auxílio.

Não desdenhe, desse modo, apoiar o bem.

Acendamos a luz, onde as trevas se adensem; articulemos tolerância, ao pé da agressividade; envolvamos as farpas da cólera em algodão de brandura; conduzamos a paz por fonte viva sobre a discórdia, toda vez que a discórdia se faça incêndio destruidor...

Deixe que Ele, o Mestre, se revele por sua palavra e por suas mãos. Não impeça a divina presença, através de seu passo, no amparo às humanas dores.

E, nessa estrada bendita, depois da luta cotidiana, sentirá você no imo da própria alma, o sol da alegria perfeita repetindo, de coração erguido à verdadeira felicidade:

– Obrigado Jesus, porque na força de tua bênção, consegui esquecer-me, procurando servir.

ANDRÉ LUIZ

8
A NEGAÇÃO DO IMPOSSÍVEL

O Excelso Criador consubstancia a Possibilidade Infinita para todas as direções, em qualquer setor de trabalho.

Toda edificação aparentemente inexequível aos nossos olhos é obra viável desde que atenda às normas das Leis que nos garantem a liberdade no rumo do Bem Eterno.

Daí o imperativo justo de nos conservarmos fiéis aos compromissos e deveres identificados em nosso passo, confiantes na Sabedoria Infalível que nos concede isso ou aquilo conforme a intenção que nos guia os impulsos e a perseverança que demonstremos no serviço a fazer.

Não nos cabe indagar quanto ao futuro, sem abraçar as tarefas que o presente nos descortina.

Imperioso permanecer em ação, preservando a consciência à luz da esperança, sempre que dificuldades e empecilhos nos enriqueçam o aprendizado, ampliando-nos o entendimento da Vontade Superior, para executar-lhe os desígnios.

Somos chamados à irremovível certeza na vitória da Providência, que nos brinda incessantemente com o melhor para as nossas almas, segundo o melhor que oferecemos aos semelhantes.

Sintonizados com a Direção da Vida, nossas fronteiras do possível alcançam os continentes do Ilimitado.

Deus é a negação do impossível, por isso, disse Jesus:

— "As coisas que são impossíveis aos homens, são possíveis a Deus."

Resta-nos, assim, agir com serenidade, relegando ao esquecimento os pruridos de inconformidade que nos despontem no coração, buscando elastecer o rendimento dos próprios atos, na sementeira do bem, porquanto o Pai de Justiça e de Amor, vela por todas as criaturas na onisciência perfeita e na infinita bondade.

Ante a doença, confia.

Frente ao fogo da provação, acalma-te e pensa.

Ante o transe difícil, pondera.

O auxílio superior surge sempre.

Estuda a razoabilidade dos teus temores, à face das próprias atividades e reconhecerás, a breve tempo, que bastas vezes, onde julgamos estar o infortúnio suscetível de trazer-nos desespero e falência, situam-se-nos a incompreensão ou a teimosia que nos impelem simplesmente a fugir do bem que nos procura do Alto.

AUGUSTO SILVA

9
PACIÊNCIA

Onde estejas, apresentas o nome que te assinala, a ideia que te dirige, a roupa que te acolhe e os sinais que te identificam.

Em teu benefício próprio não olvides carregar onde fores a energia da paciência que te garanta a serenidade.

Se alguém te anuncia catástrofes iminentes, qual se trouxesse na boca o vozerio das trevas, ouve com paciência e perceberás que a vida permanece atuante, acima de todas as calamidades, à maneira do Sol que brilha invariável, sobre todos os aguaceiros.

Quando a provação te visite, a modo de ventania destruidora, sofre com paciência e colherás dela renovado vigor semelhante à árvore que se refaz pela angústia da poda.

Diante do golpe que te alcança as fibras mais íntimas, suporta com paciência as dores do reajuste e cicatrizarás valorosamente as chagas do coração conquistando os louros da experiência.

Padeces inesperada injúria dos entes amados que te devem carinho, no entanto, passa por ela com paciência e, amanhã, ser-te-ão mais afeiçoados e mais amigos.

Tolera a deserção de companheiros queridos que te deixam nas mãos o sacrifício de duras tarefas acumuladas, contudo, prossegue com paciência no trabalho que o mundo te reservou e, mais tarde, teus ideais e serviços se erigirão por alimento e refúgio em favor deles mesmos.

Irritação é derrota prévia.

Queixa é adiamento do melhor a fazer.

Reclamar é complicar.

Censurar é destruir.

Em todos os males que te firam, usa a dieta da paciência assegurando a própria restauração.

E toda vez que sejamos induzidos a condenar alguém por essa ou aquela falta, inventariemos nossas próprias fraquezas e reconheceremos de pronto que nos encontramos de pé, em virtude da paciência inexaurível de Deus.

EMMANUEL

10

NÃO DESDENHE BRILHAR

Sim, era acusado de um crime e fora aprisionado pelos homens...

Tudo indicava que na máscara daquele rosto a beleza fugira.

Traços duros e irregulares.

Tez sem cor e sem viço.

Cabelos ralos e descuidados.

Testa vincada por rugas profundas.

Olhos embaciados por desesperos ocultos.

Nariz adunco e disforme.

Boca rasgada de cantos contraídos.

Maxilares proeminentes.

Ar de tristeza e preocupação.

E caminha vacilante.

Tormento à vista...

Súbito, porém, o homem sorri e um sopro de simpatia vitaliza-lhe o semblante. Alteram-se-lhe todas as linhas para melhor qual se possante facho interior fosse aceso de inesperado.

Não era o mesmo homem. Já não parecia um criminoso...

*

Amigo, você já observou o efeito renovador de um sorriso?

Sorriso é raio de luz da alma.

E a luz, ainda mesmo no abismo, é sempre esplendor do Alto vencendo as trevas.

Não negue a dádiva do sorriso seja a quem for.

Sorri na dificuldade.

Sorri na luta.

Sorri na dor.

Sua alma é sol divino.

Não desdenhe brilhar.

VALÉRIUM

11
FÉ E CARIDADE

Dizem que toda pessoa de fé viva sofre, incessantemente, nas obras da caridade, em nome do Cristo, no entanto, vale explicar por que isso acontece.

Espíritos pessimistas aceitam a derrota de quaisquer iniciativas, antes de começá-las.

Egoístas moram nas próprias conveniências.

Tíbios desrespeitam as horas.

Frívolos vivem agarrados à casca das situações e das coisas.

Levianos esquecem compromissos.

Oportunistas querem vantagens e lucros imediatos.

Vaidosos desconhecem, propositadamente, a necessidade dos outros.

Impulsivos criam problemas.

Toda pessoa, porém, que confia no Cristo é, consequentemente, alguém que procura servir, assimilando-lhe exemplos e lições, e, por isso mesmo, é indicada por Ele ao trabalho do bem, de vez que chamar preguiçosos e indiferentes não adianta.

ANDRÉ LUIZ

12

DOADORES DE SUOR

Todos os dias, surgem, aqui e ali, os que procuram doadores.

Devedores da finança terrena buscam doadores de empréstimos nos institutos amoedados.

Adeptos desse ou daquele partido político buscam doadores de cargos públicos.

Estudantes buscam doadores de instrução na esfera universitária.

Mulheres buscam doadores de elegância no campo da moda.

Artistas buscam doadores de inspiração.

Por toda a parte, há doadores.

Doadores de providências, de recursos, de ideias, de estímulos, de sangue, de olhos, de informações, de palavras...

E Jesus também caminha na Terra procurando certa categoria de doadores difíceis de encontrar, — os doadores de suor, que trabalhem desinteressadamente na construção do seu Reino de Luz.

Irmãos, o Divino Amigo nos bate às portas do coração, pedindo serviço...

Sigamos adiante, guardando a felicidade de sermos com Ele os doadores de suor.

AURA CELESTE

13
BARRAGEM

Quanto mais se adianta a civilização, mais extensos se fazem os processos de controle em todos os distritos da atividade humana.

O trânsito obedece a sinais previamente estudados.

Comutadores alteram a direção da corrente elétrica.

Automóveis usam freios altamente sensíveis.

Locomotivas correm sobre linhas condicionadas.

Simples engenhos de utilidade doméstica funcionam guardados por implementos protetores.

Em toda parte, surgem sistemas de cautela e defesa evitando perturbações e desastres.

*

Semelhantes apontamentos induzem-nos a aceitar o imperativo de governo à força mental, cujo destempero não somente inutiliza as melhores oportunidades daqueles que a transfiguram em rebenque magnético da revolta, mas também azeda os ânimos, em torno, urtigando-lhes o caminho.

Cólera é sempre porta aberta ao domínio da obsessão.

Consultemos as penitenciárias, onde jazem segregados milhares de companheiros que lhe caíram sob as marteladas destruidoras; entrevistemos os suicidas, degredados em regiões de arrependimento e regeneração além-túmulo; ouçamos muitos daqueles que largaram inesperadamente o corpo físico ou foram colhidos pela morte obscura e escutemos grande parte dos alienados mentais que vagueiam em casas de tratamento e repouso, quais mutilados do espírito, relegados à periferia da vida e encontraremos a explosão arrasadora da cólera na gênese de todos os suplícios que lhes garroteiam a alma...

Consideremos tudo isso e toda vez que a irritação nos acene de longe, ofereçamos de pronto à inundação dos pensamentos de agressividade e revide, violência e desespero, um anteparo silencioso com a barragem da prece.

Emmanuel

14
CRISTÃMENTE

Conheça a você mesmo.

Existem pessoas que percorrem o mundo inteiro à procura de si próprias.

*

Resguarde o corpo físico.

Toda indisciplina pode dar serviço aos coveiros.

*

Santifique a palavra.

Entre os animais da Terra, só o homem possui desenvoltura para falar.

*

Supere o vício.

Se você não domina o hábito, o hábito acaba dominando você.

*

Ajude para o bem.

A luta pela conservação da posse também cria chagas e rugas.

*

Esqueça o mal.

Antes da fatalidade da morte, existe a fatalidade da vida.

*

Entenda auxiliando.

Viva o cristão de tal modo que ninguém lhe deseje a ausência.

*

Não reclame.

O próprio Senhor do Universo traça leis, mas não faz exigências.

ANDRÉ LUIZ

15
ROGATIVA DO OUTRO

Sei que te feri sem querer, em meu gesto impensado.

Pretendias apoio e falhei, quando mais necessitavas de arrimo. Aguardavas alegria e consolo, através de meus lábios, e esmaguei-te a esperança...

Entretanto, volto a ver-te e rogo humildemente para que me perdoes.

Ouviste-me a palavra correta e julgaste-me em plena luz sem perceber o espinheiro de sombra encravado em minh'alma. Reparaste-me o traje festivo, mas não viste as chagas de desencanto e fraqueza que ainda trago no coração.

Às vezes, encorajo muitos daqueles que me procuram, fatigados de pranto, não por méritos que não tenho e sim esparzindo os tesouros de amor dos Espíritos generosos que me sustentam, contudo, justamente na hora em que me buscaste, chorava sem lágrimas, nas últimas raias da solidão. Talvez por isso não encontrei comigo senão frieza para ofertar-te.

Releva-me o desespero, quando me pedias brandura, e desculpa-me o haver-te dado reprovação, quando esperavas entendimento.

Deixa, porém, que eu te abrace de novo e, então, lerás em meus olhos, estas breves palavras que me pararam na boca: perdoa-me a falta e tem dó de mim.

MEIMEI

16
SINÔNIMOS

Berço – oportunidade.
Túmulo – revisão.
Família – vínculo.
Lar – refúgio.
Sociedade – escola.
Profissão – dever.
Instrução – cultura.
Educação – aperfeiçoamento.
Trabalho – renovação.
Serviço – bênção.
Experiência – presciência.
Cooperação – simpatia.
Dificuldade – ensinamento.

Perdão — libertação.
Dor — corrigenda.
Tempo — concessão.
Verdade — equidade.
Consciência — guia.
Caridade — salvação.
Amor — Deus.

ANDRÉ LUIZ

17
CULTURA DE GRAÇA

Além da cultura primária da inteligência, o homem paga na Terra todos os dotes do conhecimento mais elevado.

Pelo currículo de várias disciplinas, cobram-se-lhe matrículas, taxas, honorários e emolumentos diversos, nas casas de ensino superior.

Se quiser explicadores dessa ou daquela matéria em que se veja atrasado, é constrangido ao dispêndio de extraordinários recursos.

Se decide penetrar o domínio das artes é obrigado a remunerar as notas do solfejo ou a iniciação do pincel.

Entretanto, para as nossas aquisições sublimes, permite o Senhor que a Doutrina Espírita abra atualmente na Terra preciosos cursos de elevação, em que a cultura da alma nada pede à bolsa dos aprendizes.

Cada templo do Espiritismo é uma escola aberta às nossas mais altas aspirações e cada reunião doutrinária é uma aula, suscetível de habilitar-nos às mais amplas conquistas para o caminho terrestre e para a Vida Maior.

Pela administração desses valores eternos não há preço amoedado.

Cada aluno da organização redentora pode comparecer de mãos vazias, trazendo simplesmente o sinal do respeito e o vaso da atenção.

Jesus, o Mestre dos Mestres, passou entre os homens sem nada cobrar por seus Divinos Ensinamentos. E o Espiritismo, que lhe revive agora as bênçãos de amor, pode ser comparado a instituto mundial de educação gratuita, conduzindo-nos a todos, sem exigência e sem paga, do vale obscuro da ignorância para os montes da luz.

> SCHEILLA

18
EM VOCÊ

O homem traz em si mesmo instrumentos indispensáveis à manutenção da própria paz, no esforço de progredir.

Um alto-falante adaptado à garganta.

Duas máquinas cinematográficas incrustadas nos globos oculares.

Dois gravadores de sons encobertos pelas orelhas.

Um pequeno guindaste preso em cada ombro.

Dois suportes locomotores fixados ao tronco.

Tudo isso, afora dezenas de complicados mecanismos que agem, interdependentes, na estrutura da sua máquina orgânica.

O pensamento é a eletricidade que movimenta toda a maquinaria, e um atestado de garantia estipula prazo fixo ao seu funcionamento normal, quando usado com disciplina constante para fins elevados.

*

EM VOCÊ

Examine a aplicação da máquina pela qual você se manifesta.

Qual ocorre a qualquer construção mecânica, o seu corpo físico pode ser empregado para edificar ou destruir, devendo trabalhar em ritmo uniforme para isentar-se da ferrugem e combater o próprio desgaste.

Em você existem as causas da sua derrota e vibram as forças de seu triunfo.

André Luiz

19
HOJE SIM

Ontem passado.
Amanhã futuro.
Hoje agora.
Ontem promessa.
Amanhã probabilidade.
Hoje ação.
Ontem parecia.
Amanhã quem sabe?
Hoje sem dúvida.
Ontem anseio.
Amanhã mudança.
Hoje oportunidade.
Ontem sementeira.

HOJE SIM

Amanhã colheita.
Hoje seleção.
Ontem não mais.
Amanhã talvez.
Hoje sim.
Ontem foi.
Amanhã será.
Hoje é.
Ontem experiência adquirida.
Amanhã lutas novas.
Hoje, porém, é a nossa hora de fazer e de construir.

EMMANUEL

20
DONATIVOS MENOSPREZADOS

Cumprir os próprios deveres sem esperar que os amigos nos teçam láureas de gratidão.

Calar toda queixa.

Abster-se do gracejo nas conversas de fundo edificante para não desencorajar a responsabilidade nascente.

Grafar páginas consoladoras e construtivas sem a pretensão de sermos compreendidos ou elogiados.

Prestar favores oportunos ao próximo sem a ideia de que o próximo venha, por isso, a dever-nos qualquer coisa, ainda mesmo o agradecimento mais simples.

Reconhecer que as faltas dos outros podiam ser nossas, a fim de que saibamos desculpá-los sem condições.

Não supor que o ouvinte ou os ouvintes sejam obrigados a pensar pela nossa cabeça.

Escutar os erros de quem se exprime numa assembleia, sem sorrisos de mofa, para que o iniciante no cultivo do verbo superior não se sinta frustrado em seus intentos de bem fazer.

Não atribuir a outrem essa ou aquela falha havida em serviço.

Auxiliar aos irmãos menos felizes sem exprobrar-lhes a conduta passada.

Não acusar e nem criticar pessoas sob o pretexto de estarem ausentes.

Silenciar diante dos grandes ou pequeninos escândalos, sem considerações deprimentes, orando em favor daqueles que os provocaram.

DONATIVOS MENOSPREZADOS

Não reclamar homenagens afetivas nessa ou naquela circunstância.

Ouvir com respeito a palavra ou a dissertação, supostamente fastidiosas, sem ofender a quem fala.

Evitar a maledicência em derredor de gestos, atitudes e frases sob nossa observação.

Substituir espontaneamente e sem qualquer apontamento desfavorável, nas boas obras, o seareiro em falta nas atividades previstas.

Executar com sinceridade as obrigações que a vida nos preceitua sem a preocupação de invadir as tarefas alheias.

Não opor contraditas às opiniões do interlocutor e sim ajudá-lo, sem presunção, a entender a verdade em torno disso ou daquilo, no momento adequado.

Esquecer as obsessões em que os outros se envolvem e sim meditar nas obsessões de que ainda somos vítimas.

Amar sem pedir que os entes amados se convertam em bibelôs dos nossos caprichos.

Não exigir das criaturas humanas a perfeição moral que todos estamos muito longe de possuir.

Deixar os companheiros tão livres para encontrarem a própria felicidade quanto aspiramos a ser livres por nossa vez.

MILITÃO PACHECO

21
MÁGOA

Se a mágoa lhe bate à porta, entorpecendo-lhe a cabeça ou paralisando-lhe os braços, fuja dessa intoxicação mental enquanto pode.

Se você está doente, atenda ao corpo enfermiço, na convicção de que não é com lágrimas que você recupera um relógio defeituoso.

Se você errou, busque reconsiderar a própria falta, reajustando o caminho sem vaidade, reconhecendo que você não é o primeiro nem será o último a encontrar-se numa conta desajustada que roga corrigenda.

Se você caiu em tentação, levante-se e prossiga adiante, na tarefa que a vida lhe assinalou, na certeza de que ninguém resgata uma dívida ao preço de queixa inútil.

Se amigos desertaram, pense na árvore que, por vezes, necessita da poda, a fim de renovar a própria existência.

Se você possui na família um ninho de aflições, é forçoso anotar que o benefício da educação pede a base da escola.

Se sofreu prejuízos materiais, recorde que, em muitas ocasiões, a perda do anel é a defesa do braço.

Se alguém lhe ofendeu a dignidade, olvide ressentimentos, ponderando que a criatura de bom senso jamais enfeitaria a própria apresentação com uma lata de lixo.

Se a impaciência lhe marca os gestos habituais, acalme-se, observando que os pequeninos desequilíbrios integram, por fim, as grandes perturbações.

MÁGOA

Seja qual seja o seu problema, lembre-se de que toda mágoa é sombra destrutiva e de que sombra alguma consegue permanecer no coração que se acolhe ao trabalho, procurando servir.

ANDRÉ LUIZ

22

O ESPANTALHO

O astuto comandante de entidades das trevas reuniu a pequena expedição de companheiros que voltavam da esfera física, onde haviam ido em combate aos espíritas, e lhes tomava contas.

— Eu — dizia um dos perseguidores sarcásticos — torturei a cabeça de fervoroso pregador de Kardec, impedindo-lhe o acesso à tribuna por mais de dois meses.

— Ótimo! — falou o chefe — entretanto, isso terá trazido muitos benfeitores ao socorro preciso.

— Eu — chacoteou um deles — consegui provocar a queda de uma criança anulando o concurso de operosa médium passista por duas semanas.

— Excelente! — concordou o diretor das sombras — mas não resolve porque muita gente do Plano Superior terá vindo...

Outros relacionaram atividades inferiores diversas sem que o mentor cruel demonstrasse encantamento maior.

Um deles informou, porém:

— Eu encontrei um grupo de espíritas convictos e devotados, mas passei a frequentar-lhes o pensamento, dizendo-lhes que eles eram imperfeitos, imperfeitos e imperfeitos, até que todos acreditaram não valer mesmo nada... Então aí todos cruzaram os braços e começaram a dormir em abatimento e desânimo.

O tenebroso dirigente deu enorme gargalhada e recomendou a turma sombria a levantar, com urgência, em cada sementeira do Espiritismo, o espantalho da imperfeição...

HILÁRIO SILVA

23
NO MUNDO ÍNTIMO

Em todos os problemas que se reportam à construção e à produção, nos círculos da natureza exterior, surpreendemos recursos drásticos na base das equações necessárias.

É o atrito, na direção do progresso, esmerilando, mondando[2], corrigindo, aperfeiçoando...

---
[2] N. E.: Segundo o dicionário, significa expurgar do que é supérfluo ou prejudicial.

O solo, na plantação, tolera o corte do arado a lanhar-lhe o corpo submisso.

O fruto amadurecido recebe a pancada do segador, no dia da ceifa, de modo a transformar-se em pão que sustente a mesa.

Antes que o asfalto complemente a segurança da estrada, é preciso que a terra suporte os ataques da picareta.

Para que a pedra venha do serro bruto ao trabalho do homem, quase sempre, sofre a ação do explosivo controlado.

O minério, a fim de elevar-se ao nível da indústria, encontra o forno de alta tensão.

O mármore, candidato à obra-prima, submete-se à pressão do cinzel.

A planta, para derramar a seiva nutriente ou curativa, sujeita-se aos golpes do incisor.

Na cirurgia o órgão doente, para reabilitar-se, experimenta os lances do bisturi.

Instrumentos os mais diversos auxiliam o homem a expurgar, edificar, brunir, renovar...

Entretanto, nos grandes conflitos do sentimento, diante das tempestades morais e das provas constrangedoras que atormentam a alma e convulsionam a vida, o remédio indispensável será sempre a constância da paciência gerando a força da paciência.

EMMANUEL

24
NO SERVIÇO ASSISTENCIAL

Desista de brandir o açoite da condenação sobre aspectos da vida alheia.

Esqueça o azedume da ingratidão em defesa da própria paz.

Não pretenda refazer radicalmente a experiência do próximo a pretexto de auxiliá-lo.

Remova as condições de vida e os objetos de uso pessoal, capazes de ambientar a humilhação indireta.

NO SERVIÇO ASSISTENCIAL

Evite categorizar os menos felizes à conta de proscritos à fatalidade do sofrimento.

Não espere entendimento e ponderação do estômago vazio.

Aceite de boa mente os pequeninos favores com que alguém procure retribuir-lhe os sinais de fraternidade e as lembranças singelas.

Seja pródigo em atenções para com o amigo em prova maior que a sua, desfazendo aparentes barreiras que possam surgir entre ele e você.

Conserve invariável clima de confiança e alegria ao contato dos companheiros.

Não recuse doar afeto, comunicabilidade e doçura, na certeza de que a violência é inconciliável com a bênção da simpatia.

Sustente pontualidade em seus compromissos e jamais demonstre impaciência ou irritação.

Dispense intermediários nas tarefas mais simples e cumpra o que prometer.

Mantenha uniformidade de gentileza, em qualquer parte, com todas as criaturas.

Recorde que o auxílio inclui bondade e humildade, lhaneza e

NO SERVIÇO ASSISTENCIAL

solidariedade para ser não somente alegria e reconforto naquele que dá e naquele que recebe, mas também segurança e felicidade na senda de todos.

ANDRÉ LUIZ

25
MENSAGEM DO HOMEM TRISTE

Passaste por mim com simpatia, mas quando me viste os olhos parados, indagaste em silêncio porque vagueio na rua.

Talvez por isso estugaste o passo e, embora te quisesses chamar, a palavra esmoreceu-me na boca.

É possível tenhas suposto que desisti do trabalho, no entanto, ainda hoje, bati, em vão, de oficina a oficina... Muitos disseram que ultrapassei a idade para ganhar dignamente o meu pão, como se a madureza do corpo fosse condenação à inutilidade, e outros, desconhecendo que vendi minha roupa melhor para aliviar a esposa doente, despediram-me apressados, acreditando-me vagabundo sem profissão.

Não sei se notaste quando o guarda me arrancou à contemplação da vitrina, a gritar-me palavras duras, qual se eu fosse vulgar malfeitor. Crê, porém, que nem de leve me passou pela mente a ideia de furto: apenas admirava os bolos expostos, recordando os filhinhos a me abraçarem com fome, quando retorno à casa.

Ignoro se observaste as pessoas que me endereçavam gracejos, imaginando-me embriagado, porque eu tremesse, encostado ao poste, afastaram-se todas, com manifesto desprezo, contudo não tive coragem de explicar-lhes que não tomo qualquer alimento, há três dias...

A ti, porém, que me fitaste sem medo, ouso rogar apoio e cooperação. Agradeço a dádiva que me estendas, no entanto, acima de tudo, em nome do Cristo que dizemos amar, peço me restituas a esperança, a fim de que eu possa honrar, com alegria, o dom de viver. Para isso, basta que te aproximes de mim, sem asco, para que eu saiba, apesar de todo o meu infortúnio, que ainda sou teu irmão.

MEIMEI

26
UM MINUTO

Num minuto apenas pode-se fazer sempre alguma coisa útil, como sejam:

Redigir um telegrama.
Escrever um bilhete fraterno.
Sobrescritar um envelope.
Dar um recado ao telefone.
Prestar uma informação.
Lavar uma peça de roupa.
Ofertar um copo de leite.
Cumprimentar alguém.
Limpar um móvel.

UM MINUTO

Regar uma flor.

Não despreze o minuto.

Empregue-o bem, meu amigo, pois num minuto você acaba de ler as informações desta página.

VALÉRIUM

27
SINAIS DE ALARME

Há dez sinais vermelhos, no caminho da experiência, indicando queda provável na obsessão:

quando entramos na faixa da impaciência;

quando acreditamos que a nossa dor é a maior;

quando passamos a ver ingratidão nos amigos;

quando imaginamos maldade nas atitudes dos companheiros;

quando comentamos o lado menos feliz dessa ou daquela pessoa;

quando reclamamos apreço e reconhecimento;

quando supomos que o nosso trabalho está sendo excessivo;

quando passamos o dia a exigir esforço, sem prestar o mais leve serviço;

quando pretendemos fugir de nós mesmos, através da gota de álcool ou da pitada de entorpecente;

quando julgamos que o dever é apenas dos outros.

Toda vez que um desses sinais venha a surgir no trânsito de nossas ideias, a Lei Divina está presente, recomendando-nos a prudência de parar no socorro da prece ou na luz do discernimento.

Scheilla

28
DECÁLOGO DE APERFEIÇOAMENTO

1 – Diminua as próprias necessidades e aumente as suas concessões.

2 – Intensifique o seu trabalho e reduza as quotas de tempo inaproveitado.

3 – Eleve as ideias e reprima os impulsos.

4 – Liberte o "homem do presente" na direção de Jesus e aprisione

o "homem do passado" que ainda vive em você.

5 – Vigie os seus gestos, entendendo os gestos alheios.

6 – Persevere no estudo nobre, reconhecendo na vida a escola sagrada de nossa ascensão para Deus.

7 – Julgue a você mesmo e desculpe indistintamente.

8 – Fale com humildade, ouvindo com atenção.

9 – Medite realizando e ore servindo.

10 – Confie no Amor do Eterno e renda culto diário às obrigações em que Ele mesmo nos situou.

ANDRÉ LUIZ

29
ORAÇÃO E SERVIÇO

Oração é requerimento da criatura ao Criador.

Serviço é condição que a lei estabelece para todas as criaturas, a fim de que o Criador lhes responda.

Meditação estuda.

Trabalho realiza.

Observemos a propriedade do asserto em quadros simples.

Semente nobre é pedido silencioso da Natureza a que se faça verdura e pão.

Mas, se o cultivador não desenvolve esforço conveniente, a súplica viva desaparece.

Livro edificante é apelo sublime do espírito a que se ergam instrução e cultura.

Mas, se o homem não lhe perlustra as folhas no aprendizado, a sábia rogativa fenece, em vão.

Música, ainda mesmo divina, se mora exclusivamente na pauta, é melodia que não nasceu.

Invenção sem experimento é raciocínio morto.

Oremos, meus irmãos, mas oremos servindo.

Construção correta não se concretiza sem planta adequada.

Mas a palavra, por mais bela, sem construção que lhe corresponda, será sempre um sonho mumificado em tábuas de Geometria.

Albino Teixeira

30
SEJAMOS SIMPLES

Deixai vir a mim os meninos, e não os impeçais, porque deles é o Reino de Deus.
— Jesus.

(*Lucas*, 18:16.)

Surge o progresso da sucessão constante de labores variados em todas as frentes de atividade humana.

Um esforço acompanha outro, um objetivo mais aperfeiçoado modifica os movimentos da criatura.

Vida após vida, geração à geração, a Humanidade caminha recebendo luz e burilamento.

Toda a vida futura, no entanto, depende inevitavelmente da vida presente, como toda colheita próxima se deriva da sementeira atual.

A infância significa, por isso, as vibrações da esperança nos dias porvindouros, muito embora a fragilidade com que se caracteriza.

A ingenuidade dos pensamentos e a meiguice dos modos dão à criança os traços da virgindade sentimental necessária ao espírito para galgar os estágios superiores da evolução.

Eis por que o Senhor, com muita propriedade, elegeu na infância o símbolo da pureza indispensável à sustentação do ser na Vida Maior.

No período infantil encontramos as provas irrecusáveis de que as almas possuem, no âmago de si mesmas, as condições potenciais para a angelitude.

Urge, pois, saibamos viver com a simplicidade dos pequeninos, na rota da madureza, renunciando às expressões inferiores do egoísmo e do orgulho, da astúcia e da crueldade, que tantas vezes se nos ocultam nos gestos de fidalguia aparente.

No Reino de Deus ninguém cresce para a maldade.

Sejamos simples, vivendo o bem espontâneo.

Observa, portanto, em ti, os sinais positivos que conservas da infância, como índice de valores morais para a excursão, monte acima.

Sê criança em relação ao mal que perturba e fere, realizando a maturação de teus sentimentos na criação do amor puro, porque somente no amor puro encontraremos acesso à Eterna Sublimação a que estamos destinados.

EMMANUEL

31
ÚNICA MEDIDA

A carteira de identidade presta informações de sua pessoa humana.

O calendário fala de sua idade física.

O relógio marca o seu tempo.

O metro especifica as dimensões do seu corpo.

A altitude revela a sua localização transitória sobre o nível do oceano.

A tinta grava as suas impressões digitais.

ÚNICA MEDIDA

O trabalho demonstra a sua vocação.

A radiografia faculta o exame dos seus órgãos.

O eletrocardiógrafo determina as oscilações do seu músculo cardíaco.

Todos os seus estados e condições, realizações e necessidades podem ser definidos por máquinas, engenhos, instrumentos, aparelhos, laboratórios e fichários da Terra, entretanto, não se esqueça você de que o serviço ao próximo é a única medida que fornece exata notícia do seu merecimento espiritual.

André Luiz

32
NA EXPERIÊNCIA ATUAL

A evolução é a transição do ser da condição de escravo à condição de senhor do próprio destino.

Almas milenarmente necessitadas, somos agora discípulos do bem. E ainda no estágio da experiência atual, por vezes, inconscientes e distraídos, se aprendemos, fazemos segredo do que sabemos; se ganhamos, erguemos o monopólio do que temos; se nos emocionamos, disfarçamos o que sentimos em prejuízo dos semelhantes.

Por isso, frequentemente, nossos Espíritos, cegos — não veem as bênçãos da Providência; surdos — não ouvem as vozes que cascateiam da Altura; mudos — não confessam as próprias faltas.

Cumpre-nos considerar, entretanto, que ninguém adita um milímetro de imperfeição perene à obra Imperecível de Deus, da qual participamos inevitavelmente, desde que fomos criados, porquanto, toda manifestação impura tem a duração de um átimo, à frente da Eternidade.

Desse modo, não te amofines quanto às condições difíceis em que te encontras, na romagem terrestre, sejam elas quais forem.

Se a Lei concede o corpo conforme o espírito, não olvides que as melhores posições, perante o mundo, são aquelas que nos oferecem as inibições físicas, as dificuldades de nascimento, as heranças fisiológicas de amargo teor, as lutas e os obstáculos incessantes, as adversidades e provações sucessivas, pois somente no círculo dessas desvantagens aparentes é que superamos os nossos antigos defeitos morais e nos candidatamos às Estâncias Resplandecentes da Vida Maior.

Estuda as tuas facilidades do momento que passa. Quase sempre a obsessão entra na vida humana de braços dados com elas...

Se trazes a consciência arpoada pelo remorso, não te entregues inerme ao aguilhão com que te prende a cabeça. Busca refazer o destino, ajudando os outros, hora após hora, sem te esqueceres de que se o sorriso é idioma internacional, o gemido também o é...

E auxiliando, age com presteza, de vez que o remédio que chega atrasado, torna-se fraco para combater a doença que já progrediu...

Auscultemos intuitivamente o báratro do pretérito, no pélago de nós mesmos, pois a culpa, em forma de tentação, se nos imiscui no presente, até o resgate final dos próprios débitos, contudo, ainda assim, arrima-te no trabalho e asserena-te na esperança, porque, mesmo nas mais densas trevas, ninguém vive órfão da Solidariedade Divina.

LAMEIRA DE ANDRADE

33
CAMINHO ALTO

Além da morte, as alegrias são fulgurações crescentes do Espírito, na liberação das forças emotivas que se descartaram da matéria mais densa, entretanto, no mesmo princípio, as dores da consciência atingem o superlativo da angústia.

À vista disso, o remorso em nós é qual fulcro de agonias morais reavivando a lembrança dos nossos erros, com espantoso poder de repetição.

Carregamos, desse modo, além-túmulo, o fardo de nossas culpas, a exibir constantemente o espetáculo das próprias fraquezas, e imploramos a reencarnação como quem sabe que o corpo físico é o instrumento capaz de reabilitar-nos.

Nessas circunstâncias, não poupamos súplicas, não regateamos promessas, não medimos votos, não subestimamos sacrifícios... Encomendamos serviço e luta, assinalando a inquietude do sedento que pede água.

Aspiramos a apaziguar paixões, purificar sentimentos, resgatar débitos, santificar ligações e elevar experiências, na conquista da própria renovação.

E, quase sempre, renascemos em duras dificuldades, a fim de redimir-nos, à maneira do aluno internado na escola para educar-se.

Não recuses, assim, a provação ou o problema que o mundo te impõe, nas horas breves da passagem sob a neblina da carne. A moléstia, a inibição, o sonho torturado, o parente difícil, a separação temporária ou o infortúnio doméstico representam cursos rápidos de regeneração pessoal, em que somos chamados ao próprio burilamento.

Recorda que voltarás, amanhã, para o lar da luz de onde vieste. Não impeças que o suor do trabalho ou o pranto do sofrimento te dissolvam as sombras do coração.

Todo mal de ontem ressurge ao mal de agora para que o bem apareça e retome a governança da vida.

O erro desajusta.

A dor restaura.

É por isso que, entre a ilusão que obscurece e a verdade que ilumina, a reencarnação será sempre o alto caminho do recomeço.

EMMANUEL

34
ENTENDAMOS

O objetivo da sua vida na Terra não constitui a autoridade, a beleza ou o conforto efêmeros.

É o aperfeiçoamento espiritual.

*

A fraternidade pura não expressa facciosismo de classe ou crença, pátria ou partido.

É bênção de amor e de entendimento.

*

A finalidade da educação não se resume no respeito cego a tradicionalismo e preconceito.

É disciplina aos impulsos próprios.

*

A máquina não existe para automatizar a experiência.

É recurso à prosperidade geral.

*

A evangelização da infância não consiste em seu acondicionamento às nossas ideias.

É o processo da emancipação infantil para a compreensão da justiça e do bem.

*

O exercício profissional não consubstancia concorrência desonesta em louvor da ambição.

É ensejo de auxílio a todos.

*

O conhecimento maior não representa ingresso à felicidade contemplativa.

É libertação do erro com responsabilidade na consciência.

*

A caridade não exprime virtude, conforme a nossa inclinação afetiva.

É solução a qualquer problema.

*

A sua fé não significa exclusivo ideal para o futuro.

É força construtiva para hoje.

*

O seu estudo não se restringe à padronização de sua existência à existência dos outros.

É arma viva para a reforma de você mesmo.

*

A melhoria moral não transparece desse ou daquele título honroso alcançado entre os homens.

É luz manifesta em seu bom exemplo.

ANDRÉ LUIZ

35
MENSAGEM AO SEMEADOR

Semeador, despertaste aos clarões da aurora e começaste a semear...

A dura lavra exigia suor e, dia sobre dia, arroteaste o solo, calejando as mãos, entre o orvalho da manhã e a luz das estrelas.

Diante dos sacrifícios, os mais amados largaram-te a convivência, sequiosos de reconforto... Mas quando te viste a sós, sem ninguém que te quisesse as palavras, a Natureza conversou contigo, em nome do Céu, e escutaste, surpreendido, as orações da semente, no instante de morrer abandonada para ser fiel à vida; ouviste as confidências das roseiras, escravizadas na gleba, cujas flores brilham nos salões, sem que lhes seja dado outro direito que não aquele de respirar, entre rudes espinhos; recolheste a história do trigo que te contou, ainda nos cachos de ouro, como seria triturado nos dentes agudos de implacáveis moinhos, a fim de servir na casa dos homens; e velhas árvores lascadas e sofredoras te fizeram sentir que Deus lhes havia ensinado, em silêncio, a proteger carinhosamente, as próprias mãos criminosas que lhes decepam os ramos...

Consolado e feliz, trabalhaste, semeador!

Um dia, porém, o campo surgiu engalanado de perfume e beleza e apareceram aqueles que te exigiram a colheita para a festa do mundo...

Choraste na separação das plantas queridas, entretanto, ninguém te viu as lágrimas escondidas entre as rugas do rosto.

Eras sozinho, perante as multidões que te disputavam os frutos e por não haver adestrado verbo primoroso de modo a defender-te, diante das assembleias, e porque a tua presença simples não oferecesse qualquer perspectiva de encanto social, os raros amigos de tua causa julgaram prudente silenciar, envergonhados do rigor de tuas ásperas disciplinas e da pobreza de tua veste, mas Deus te impeliu à renovação e, conquanto despojado de teus bens mais humildes, procuraste outros climas e outras leiras, onde as tuas mãos quebrantadas e doloridas continuaram a semear...

*

Semeador dos terrenos do espírito, que te encaneceste na lavoura da luz, qual acontece ao cultivador paciente do solo, não te aflijas, nem desanimes.

Se tempestades sempre novas te vergastam a alma, continua semeando... E, se banimentos e solidão devem constituir a herança transitória do teu destino, recorda o Divino Semeador que, embora piedoso e justo, preferiu a cruz por amor à verdade e prossegue semeando, mesmo assim, na certeza de que Deus te basta, porque tudo passa no mundo, menos Deus.

MEIMEI

36
DECIDIDAMENTE

Verbosidade não cria autoridade moral, composta pelo esforço no trabalho.

Adorno não forma beleza íntima, própria do burilamento da individualidade.

A fórmula exterior não comanda a eficácia da prece, dependendo da intenção de quem ora.

A polêmica não dilata o poder da fé, derivado das experiências de cada qual.

A escola não administra a verdadeira vocação, síntese do aprendizado milenar do espírito.

A biblioteca não dá o conhecimento de nós mesmos, a nascer-nos do íntimo.

A moeda não compra a simpatia real, alicerçada nas forças profundas da personalidade.

O mercado não vende o conforto da alma, alimentado pela consciência.

*

O conceito de relatividade dirige a existência, razão por que nos cabe compreender todos os seres e coisas à nossa volta, conferindo a cada um a importância merecida, conforme a função que desempenha.

Evoluir é discernir mais amplamente.

Entendamos, pois, através do estudo e da observação, o significado de cada acontecimento, o objetivo de cada instituição e o valor de cada pessoa, à luz do Evangelho Vivo, prevenindo o erro e exaltando a verdade, hoje e sempre.

ANDRÉ LUIZ

37
CÉREBRO E ESTÔMAGO

Se pretendes ajudar o cérebro que desatina, atende igualmente ao estômago que padece.

"Mente sã em corpo são" — doutrinava a cultura antiga.

E ninguém terá pensamento sadio sem digestão correta.

Claro que não nos referimos aqui aos abusos do prato, mas à refeição frugal e pura que mantém a saúde física.

Não olvidemos, assim, a obrigação de sossegar as necessidades básicas do próximo para que lhe possamos doar a mensagem de nossa fé.

Nem somente pão excessivo que redunde em moléstia e viciação.

Nem somente discurso sistemático que resulte em demagogia e retórica.

Orientação para o cérebro.

Socorro para o estômago.

Exemplo e lição, atitude e palavra.

Alimento e agasalho, remédio e consolo.

Estudo que edifique.

Bondade que reconforte.

Refeitório que restaure.

Escola que ilumine.

Através do Evangelho, no capítulo seis dos *Atos dos Apóstolos*, somos informados de que no primeiro santuário do Cristianismo, em Jerusalém, havia quem amparava os sedentos de luz e quem servia aos famintos de pão.

Conjugavam-se tribuna e mesa, verdade e amor para a vitória da luz.

Assim sendo, no apostolado espírita que revive o ministério divino de Nosso Senhor, não nos esqueçamos das aflições da alma e do corpo.

Auxiliemos as vítimas da ignorância, sem olvidar as criaturas que jazem sob o grilhão das calamidades materiais.

O cérebro depende do estômago para governar a vida orgânica. O estômago depende do cérebro para sustentá-la.

Ambos reclamam atenção e carinho.

Foi por isso talvez que a Sabedoria Divina separou um e outro, impondo-lhes o coração de permeio.

SCHEILLA

38
PONTOS A PONDERAR

— Confie resignado.

Passa o mal deixando a lição.

Desaparece a enxurrada purificando o ambiente.

*

— Viva com discernimento.

O ato edificante é inconfundível.

O arado e a bomba cavam a terra de maneira diversa.

*

— Exemplifique a sua fé.

Sempre denunciamos a própria origem.

Cada meteorito traz determinada mensagem do espaço cósmico.

*

— Seja comedido.

Tudo o que constrói, pode destruir.

Toda faixa de solo pode ser berçário e cemitério da vida.

*

— Ajude sem cessar.

Os testemunhos do bem qualificam o homem.

PONTOS A PONDERAR

O movimento, a luz e o calor classificam o astro.

*

— Desenvolva o autoaprimoramento.

A pior viciação pede esforço recuperativo.

O brilhante foi detrito do organismo terrestre.

*

— Fuja à violência.

A ação orientada vence a força.

O vento frágil desgasta a rocha maciça.

*

— Observe amorosamente.

Há beleza oculta na maior deformidade.

O tique da estrela existe como cintilação.

>   ANDRÉ LUIZ

39
INDUÇÃO E DOAÇÃO

Exaltaste a caridade.

Favoreceste no próximo a simpatia fraterna.

Mas, se te desprendes das posses humanas a fim de socorrer aos companheiros necessitados, quaisquer que sejam, deste aos outros a luz da beneficência.

Louvaste a fé.

Incitaste o próximo a confiar.

Mas, se revelas segurança em Deus e em ti mesmo, nos acontecimentos desagradáveis da existência, deste aos outros a força transformadora que remove as montanhas da inquietação e do medo.

Recomendaste paciência.

Instilaste no próximo a essência da tolerância.

Mas, se mostras serenidade nas provações que te devastam a alma, deste aos outros a resistência tranquila contra o império do mal.

Aconselhaste humildade.

Insuflaste no próximo a vocação de servir.

Mas, se compreendes as necessidades e deficiências alheias, desculpando incondicionalmente todas as injúrias que te apedrejam a vida, deste aos outros a chama interior da divina virtude.

Palavras inclinam.

Exemplos renovam.

Em tudo o que se refira ao bem, não nos esqueçamos de que ensinar é induzir, mas fazer o bem é dar de nós mesmos aos outros o próprio bem que todos nós precisamos fazer.

ALBINO TEIXEIRA

40

NAS CULMINÂNCIAS DA LUTA

Muitas vezes, vivemos normalmente dez longos anos, conquistando patrimônios espirituais, para viver apenas dez minutos fugazes de modo extraordinário e excepcional. São os *clímax* da vida, onde somos chamados às contas, na aferição de responsabilidades intransferíveis e que, não raro, percebemos intuitivamente, a derramar lágrimas que pressagiam amargas lutas.

Aprendemos, dia a dia, a pouco e pouco, anos seguidos, o desprendimento de bens transitórios para enfrentarmos a prova do desapego maior em momentos breves; experimentamos, por vários lustros, a repetição, instante a instante, de um dever trivial para testarmos a própria perseverança, no epílogo desse ou daquele problema, aparentemente vulgar, mas de profunda significação em nosso destino; adquirimos forças íntimas vivendo toda uma encarnação a preparar-nos para a demonstração de coragem num minuto grave de testemunho...

Alpinistas da evolução, que destilam suor, de escarpa em escarpa, galgamos a montanha da experiência, adestrando-nos para transpor a garganta que nos escancara o abismo diante da tentação; estudantes comuns, nos currículos da existência, enceleiramos preciosos conhecimentos em cursos laboriosos de observação e trabalho, para superarmos a prova eliminatória, às vezes num só dia de sacrifício...

Estamos sempre, face a face, com a banca examinadora do mundo, pois onde formos aí seremos convocados à confissão de nossa fé e consequente valor moral. O minuto que se esvai é a nossa oportunidade valiosa; o lugar onde estamos é o anfiteatro de nossas lições contínuas.

Por isso, caminhar sem Jesus, nos domínios humanos, é sentir que a água não dessedenta, o alimento não sacia, a melodia não eleva, a página não edifica, a flor não perfuma, a luz não aquece... Entretanto, amparados no Cristo, todos somos autossuficientes, porquanto dispomos de apoio, esclarecimento e fortaleza em qualquer transe aflitivo com que a vida nos surpreenda.

O alento que a certeza da fé raciocinada nos proporciona transcende todas as consolações efêmeras que possamos auferir de vantagens terrenas, de vez que nos faculta trabalhar sem fadiga, ajudar sem esforço, sofrer sem ressentimento e rir engolindo pranto.

Marchemos, assim, arrimados nos padrões do Divino Mestre sem que nos creiamos no pretenso direito de reclamar ou maldizer, tumultuar ou censurar.

Desistamos de reivindicações, privilégios, prêmios ou honrarias de superfície, porquanto urge aspirarmos à medalha invisível do dever retamente cumprido que nos brilhe na consciência, à coroa da paz que nos cinja os pensamentos e à carta-branca do livre-arbítrio que nos amplie o campo de ação no bem puro.

Regozija-te, pois, se a tua fé vive analisada na intimidade do lar, combatida na oficina de trabalho, fustigada no círculo de amigos, fiscalizada na ribalta social ou testada na enxerga de sofrimento...

Somente conduzindo a nossa cruz de renúncia às gloríolas do século, com a serenidade da abnegação e com o sorriso da paciência é que poderemos ser recompensados pelo triunfo sobre nós mesmos, nas rotas da Perfeita Alegria.

CAIRBAR SCHUTEL

41
ANTES, PORÉM...

Você pede melhoras da saúde.

Antes, porém, socorra o enfermo em condições mais graves.

Você pede em favor do seu filho.

Antes, porém, proteja a criança alheia em necessidade maior.

Você pede providência determinada.

Antes, porém, alivie a preocupação de outra pessoa, em prova mais contundente que a sua.

Você pede concurso fraterno contra a obsessão que o persegue.

Antes, porém, estenda as mãos ao obsidiado sem os recursos de que você já dispõe.

Você pede perdão pela falta cometida.

Antes, porém, desculpe incondicionalmente aqueles que lhe feriram o coração.

Você pede apoio à existência.

Antes, porém, seja consolo e refúgio para o irmão que chora em seu caminho.

Você pede felicidade.

Antes, porém, semeie nalgum gesto simples de amor a alegria do próximo.

Você pede solução a esse ou àquele problema.

Antes, porém, busque suprimir essa ou aquela pequenina dificuldade dos semelhantes.

Você pede cooperação.

Antes, porém, colabore a benefício dos que suam e gemem na retaguarda.

Você pede a assistência dos bons Espíritos.

Antes, porém, seja você mesmo um espírito bom, ajudando aos outros.

Toda solicitação assemelha-se, de algum modo, à ordem de pagamento que, para ser atendida, reclama crédito.

A casa não se equilibra sem alicerce.

Uma fonte ampara outra.

Se queremos auxílio, aprendamos a auxiliar.

ANDRÉ LUIZ

42

O SUBLIME CONVITE

Levanta-te, toma o teu leito e anda. – JESUS.

(*João*, 5:8.)

A palavra do Senhor é sempre luz direta.

A partir do momento em que fala incisivo, o doente inicia uma nova jornada.

Os músculos paralíticos vibram, fortes de novo.

O tônus orgânico circula mais ativo.

O equilíbrio ressurge no cosmo celular.

A prisão em forma de leito liberta o prisioneiro.

E múltiplas consequências são criadas no processo sublime quais sejam a responsabilidade maior para o irmão socorrido, estudo e meditação nos circunstantes admirados, reafirmação categórica das potencialidades sublimes do amor de Nosso Divino Mestre, através do trabalho messiânico de libertação das consciências humanas que impôs generosamente a Si Mesmo...

Em seguida, mais uma crônica ajustar-se-á aos ensinamentos narrados pelos evangelistas expressando, até hoje, lição palpitante na escola da Humanidade.

Em soerguendo o enfermo desditoso do leito de provação, convoca-nos Jesus a levantar-nos, todos, do ninho de imperfeições, em que nos comprazemos, de coração cansado e mente corrompida.

Se egoísmo e orgulho, inveja e ciúme, cobiça e vaidade ainda nos prendem o coração ao catre do infortúnio, ouçamos o convite do Senhor Amorável:

— "Levanta-te, toma o teu leito e anda."

E erguendo-nos pela fé, saberemos sofrer a consequência ainda amarga de nossa própria sombra, caminhando, por fim, ao encontro da Luz.

EMMANUEL

43
LIMPEZA

Onde o bem se mostra por edificação do bem de todos, a limpeza comparece na base de todos os serviços.

A fim de que produza, com segurança, a gleba aguarda o concurso da enxada contra o crescimento da erva daninha.

O laboratório reclama instrumentos esterilizados para que o remédio alcance os fins a que se destina.

O lar espera faxina diária, na preservação da saúde dos moradores.

O livro, verdadeiramente nobre, demanda rigorosa triagem para que se lhe evite, no texto, o prejuízo dos termos chulos.

Nas providências mais simples da vida, surpreendemos semelhante necessidade.

Alimento sadio requisita seleção de produtos.

Água, para servir, quer filtragem.

Roupa não se conserva sem a cooperação da lavadeira.

Vias públicas solicitam esgotos.

LIMPEZA

Nas mesmas circunstâncias, diante das posições desagradáveis da alma, que, de fato, equivalem a perturbações e moléstias obscuras da mente, é necessário saibamos usar a lixívia da paciência, aclarando raciocínios e renovando emoções, definindo atitudes e policiando palavras, na certeza de que toda cura espiritual exige a limpeza do pensamento.

ALBINO TEIXEIRA

44
OUVINDO A NATUREZA

Em todos os ângulos da Vida Universal, encontramos, patentes, os recursos infinitos da Sabedoria Divina.

A interdependência e a função, a disciplina e o valor são alguns aspectos simples da vida dos seres e das coisas.

Interdependência — a vida vegetal vibra em regime de reciprocidade com a vida animal. A laranjeira fornece oxigênio ao cavalo e o cavalo cede gás carbônico à laranjeira.

Função — o fruto é o resultado principal da existência da planta. A laranjeira, conquanto possua aplicações diversas, tem na laranja a finalidade maior da própria vida.

Disciplina — cada vegetal produz um só fruto específico. Existem infinitas qualidades de frutos, todavia, a laranjeira somente distribui laranjas.

Valor — cada fruto varia quanto às próprias qualidades. A laranja pode ser doce ou azeda, volumosa ou diminuta, seca ou suculenta.

Antes do homem surgir na superfície do planeta, o vegetal, há muito, seguia as leis existentes.

Como usufrutuários do Universo, saibamos, assim, que toda ação humana contrária à Natureza constitui caminho a sofrimento.

Retiremos dos cenários naturais as lições indispensáveis à nossa vida.

Somos interdependentes.

Não viveremos em paz sem construir a paz dos outros.

Temos funções específicas.

Existimos para colaborar no progresso da Criação, edificando o bem para todas as criaturas.

Carecemos de disciplina.

Sem método em nossos atos, não demandaremos a luz da frente.

Somos valorizados pelas Leis Divinas.

Valemos o preço das nossas ações, em qualquer atividade, onde estivermos.

ANDRÉ LUIZ

45
ORAÇÃO DO DINHEIRO

Senhor!

No concerto das forças que te desejam honrar, eu também sou teu servo.

Por me atribuíres o dever de premiar o suor e sustentar o bem, como recurso neutro de aquisição, ando, entre as criaturas, frequentemente, em regime de cativeiro.

Muitas delas me escravizam para que eu lhes compre ilusões e mentiras, prazeres e consciências.

Noto com mais nitidez minha própria tarefa, cada vez que escuto alguém chorar no caminho, entretanto, quase sempre, estou preso...

Que fiz eu, Senhor, para viver encarcerado no sombrio recinto do cofre, como se eu fora um cadáver importante no esquife trancado da inércia?

Ensina aos que me guardam sem proveito que sou o sangue do trabalho e do progresso, da caridade e da cultura, e ajuda-os para que me libertem.

Quase todos eles procuram estar contigo, através da oração, nos templos que abraçam.

Dize-lhes na prece que sou a esperança do lar sem lume. Fala-lhes que posso ser o conforto das mães esquecidas, o arrimo dos companheiros caídos em provação, o leite devido aos pequeninos de estômago atormentado, o remédio ao enfermo e o lençol generoso e limpo dos que se avizinham do túmulo...

Um dia, alguém te apresentou moeda humilde, empenhada ao

imposto público para que algo dissesses e recomendaste fosse dado a César o que é de César.

Muitos, porém, não perceberam que te reportavas ao tributo e não a mim e, julgando que a tua palavra me condenasse, lançaram-me ao desprezo...

Não ignoras, contudo, que nasci para fazer o melhor e, esteja eu vestido de ouro ou de simples papel, sabes, Senhor, que eu também sou de Deus.

MEIMEI

46
A RELIGIÃO DE JESUS

Cultivando o pensamento libertador com que a Nova Revelação te insufla à vida, reflete na religião de Jesus.

Em todas as circunstâncias, reconheçamo-nos defrontados pelo Mestre, no exercício da fraternidade dinâmica.

Indubitavelmente, asseverou Ele não ter vindo para destruir a Lei e sim para dar-lhe cumprimento.

E executou-a, substancializando-lhe os enunciados na ação construtiva com que lhe ampliou todos os preceitos em luzes de ensino e afirmação de trabalho.

Não levantou quaisquer santuários de pedra; não fomentou discussões teológicas; não instituiu pagamento por serviços religiosos; não criou amuletos ou talismãs; não consagrou paramentos e nem traçou rituais.

Ao revés, ajustou-se à comunidade, em penhor de soerguimentos e sustentação do homem integral, amparando-lhe corpo e alma.

Explicou a verdade, tanto aos rabinos quanto aos pescadores de vida singela.

Pregou a divina mensagem no tope dos montes, alimentando estômagos famintos e clareando cérebros sequiosos de luz.

Socorreu mulheres infelizes e crianças abandonadas; leu nas sinagogas; curou cegos; restaurou doentes; ergueu paralíticos; recuperou obsidiados, doutrinando espíritos perturbados e sofredores; encorajou os tristes e banqueteou-se com pessoas apontadas ao escárnio social.

Sem qualquer laivo de culto à personalidade, viveu no seio da multidão.

Encontrando, pois, no Espiritismo a Boa-Nova renascente, convençamo-nos de que as nossas casas doutrinárias devem ser lares de assistência gratuita ao povo que, em todos os tempos, é a verdadeira família de Cristo.

Meditando nestas observações incontestes, evitemos converter os templos espíritas em museus do Evangelho ou dourados mausoléus do Senhor, reconhecendo que é preciso constituir neles escolas de fé raciocinada, a se povoarem de almas ardentes no serviço desinteressado em favor do próximo, a fim de que possamos sustar as explosões do desespero subversivo e as epidemias de descrença que, ainda hoje, lavram na Terra com a sanha do incêndio destruidor.

EWERTON QUADROS

47
NOTA DE PAZ

Ouviste oradores inflamados, advogando a causa da paz sobre toneladas de pólvora e anotaste a presença de supostos vanguardeiros do progresso, solicitando-a sobre montões de ruínas.

Esperam-na, fomentando a desordem, e falam dela portando rifles.

No plano maior, os poderosos alinham bombas e os fracos acumulam desesperos. Talvez, por isso, em plano menor, muitos adotaram fórmula idêntica. Em sociedade, acreditam que a astúcia vale mais que a honestidade e, no campo individual, aceitam o egoísmo à feição de senhor. Afirmam-se cultores da harmonia, concorrendo às maratonas da discórdia, referem-se à indulgência disputando o campeonato da crítica, aconselham bondade, acentuando a técnica de ferir, e reportam-se ao mundo, regurgitando pessimismo, como quem segue adiante a engulhos de enxurrada e veneno.

NOTA DE PAZ

E a equação de todos esses desatinos será sempre a guerra... Guerra de princípios, guerra de interesses, guerra fria superlotando manicômios, guerra quente esparzindo a morte.

Sabes, porém, com a Doutrina Espírita, que a consciência carrega consigo, onde esteja, o fruto das próprias obras.

Não incensarás, desse modo, o delírio dos que apregoam a concórdia, incentivando o dissídio, a rebelião, a injúria e o desânimo.

Trabalharás, infatigavelmente, pelo bem de todos, aperfeiçoando a ti mesmo e sabendo que caminhas, em penhor de tua própria imortalidade, para a exaltação da vida eterna, com a paz verdadeira começando de ti.

EMMANUEL

48
EM FAVOR DE VOCÊ

Trabalhe sempre, mas não fuja ao serviço que você já iniciou.

Ajude a todos, mas não se esqueça dos deveres imediatos.

Sofra resignado, mas não faça ninguém sofrer.

Exalte o perdão, mas olvide o ressentimento.

Auxilie a quem errou, mas não esmiúce o erro do próximo.

Procure acertar, mas não desculpe a própria irreflexão.

Busque o êxito, mas regozije-se com a vitória dos outros.

Troque ideias, mas não censure aquilo que você não entende.

Estude o que puder, mas não recuse aplicar a lição nobre.

Assuma compromisso, mas não deixe ninguém a esperar por você.

Escreva aos amigos, mas não exija resposta.

Guarde eficiência, mas não viva apressado.

Use o dinheiro, mas não abuse.

Cultive a bondade, mas crie a própria disciplina para o serviço do bem.

ANDRÉ LUIZ

49
PALAVRAS E AÇÕES

Enfileiremos na cabeça, algumas imagens, simples, lembrando o estranho fenômeno do ensino elevado sem testemunho:

Semente frustrada.

Árvore estéril.

Fonte seca.

Enxada morta.

Máquina sem uso.

Lâmpada apagada.

Tomada inútil.

Fogão sem lume.

Cântaro sem fundo.

Título sem trabalho.

Motor sem combustível.

Tecla muda.

Remédio na prateleira.

Não nos esqueçamos de que a Doutrina Espírita vem até nós para que as grandes palavras do Cristianismo sejam traduzidas em grandes ações.

ALBINO TEIXEIRA

50
O PACTO DE AMOR UNIVERSAL

Pede a evolução para que você se faça veterano da experiência terrestre.

Não se amedronte diante do erro, mas não caminhe desprevenido.

A estrada humana conserva armadilhas, a cada passo, colhendo almas invigilantes, contudo só na crosta planetária obterá você as conquistas que lhe melhorem o ser à luz da imortalidade.

Há Espíritos que, por muitas vezes, partem da carne através da morte e à carne voltam através do berço, quais estátuas inermes que, depois de enterradas durante séculos, volvem ao exame de outrem, sem qualquer aspecto novo que lhes altere os esgares fixos.

*

Domine as próprias tendências inferiores que lhe pareçam insubjugáveis.

Você é soberanamente livre na intimidade do próprio espírito.

Apenas você decifrará os enigmas que transporta na consciência.

Somente você destorcerá as meadas de sombra que lhe surjam no pensamento.

*

Não tente sufocar a sua sede de infinito, porém, não se renda às ilusões da maioria.

Se a taça das espetaculares vitórias humanas quase sempre se destaca repleta de lágrimas alheias, a taça das legítimas vitórias do espírito transborda suor individual.

*

Você será sempre o principal sobrevivente de seus dias.

A sepultura é o nível das medidas terrenas, mas a vida é multiface, no Mais Além; à vista disso, na realidade substancial as suas atitudes e ações meritórias é que constituem a base de sua felicidade e a sua prédica irresistível.

*

Cale gemidos e suspiros frustrados, decidindo-se a realmente servir.

O amor puro é a síntese de todas as harmonias conhecidas.

A fraternidade é o pacto de Amor Universal entre todas as criaturas perante o Criador.

Nossa alegria somente viceja em conjunto com a alegria de muitos.

De que vale a alguém o título de herói numa tragédia? Onde o benefício de uma santidade que terá brilhado no deserto, sem ser útil a ninguém?

*

Com o Espiritismo nasceu na Terra a fé raciocinada.

Você, portanto, interiormente, está livre para ajudar a você mesmo, consciente qual se encontra de que auxiliar com desinteresse aos outros é interpretar vivamente a filosofia de Cristo e consolidar a segurança do próprio bem.

ANDRÉ LUIZ

51

RESPOSTA DA CARIDADE

Quis demorar-me contigo, quando me procuraste pedindo luz.

Perdoa-me se não pude mergulhar o pensamento, de imediato, em tuas cogitações.

Falavas dos Mundos Superiores e indagavas pelo destino; exaltavas a Ciência e citavas a História.

Discutias os problemas sociais com tanta beleza que, em verdade, aspirei a sentar-me ao teu lado para ouvir-te todas as confidências.

Entretanto, por mais me detivesse em tua palavra, trazia no coração os gritos reiterados de quantos me chamavam, impacientes.

Não sei se chegaste a ver as mulheres enfermas e as crianças esfarrapadas que choravam, junto de nós, invejando os cães de luxo que passavam de carro...

Decidia-me a comentar os temas que me propunhas, quando notei a dama bem-posta, repreendendo o homem cansado que esmolava na rua e corri a vê-lo. Envergonhado, o infeliz debatia-se em pranto. Amparei-o como pude e segui-lhe o passo, encontrando-lhe a companheira a gemer num montão de lixo, aguardando a morte. O menor dos seis pequeninos que a rodeavam, cravava nela o olhar ansioso, esperando o leite que secara no peito. A pobre mãe fitava-me agoniada, como a pedir-me lhe reavivasse os seios desfalecentes... Nisso, vi-lhe o esposo desesperado intentando morrer... Entreguei-os aos vizinhos, tão desditosos quanto eles mesmos, e depois de acalmá-los, no bálsamo da oração, volto a ver-te.

E agora, a ti que me buscaste as mãos rogando conhecimento, estendo igualmente as minhas, a suplicar-te migalha de auxílio para aqueles que esmorecem de fome e pranto.

Vem comigo e não te dês a longas indagações! Ajudando aos que sofrem, seguiremos o Cristo que dizemos amar e, decerto, que a luz te abençoará em silêncio, porque Ele próprio, como outrora, te repetirá no júbilo do serviço: "Aquele que me segue não anda em trevas."

MEIMEI

52
O FUTURO GENRO

A notícia caíra com o fragor de um raio no espírito de João Pacheco.

Dissera-lhe alguém que Wilson Pedroso, o moço que lhe pedira a filha em casamento, fora visto, por duas vezes, nas ruas cariocas, abraçado a uma jovem pela qual parecia apaixonado.

Lembrava-se de que o rapaz era espírita e de muitos amigos ouvira observações desfavoráveis.

— "Espírita é livre-pensador!" — diziam alguns.

— "Espiritismo é religião diferente da nossa" — repetiam outros.

Pacheco, tocado nos brios paternos, quis tirar tudo a limpo, antes que a filha se complicasse; por isso, imaginando possíveis discussões e reações, armou-se e desceu da cidade serrana em que moravam.

Chegou cedo à Capital e, informado sobre o ponto e hora exata em que o futuro genro vinha sendo visto, permaneceu de tocaia.

No justo momento, Pedroso e a moça apareceram ao longe. Abraçados. Tão embevecidos que não conversavam.

Colados um ao outro, penetraram grande edifício e Pacheco, furioso, acompanhou-os até o saguão e ficou esperando.

Depois de duas horas, que o pai exasperado passou a mentalizar imagens terríveis, o par abraçado surgiu de volta.

O rapaz instalou a companheira carinhosamente numa poltrona e saiu como se fosse pedir contas de alguma coisa.

Pacheco aproximou-se da jovem e dirigiu-lhe a palavra.

A desconhecida, entretanto, não respondeu.

O homem exasperou-se mais ainda. Sentia-se injuriado. Decerto, ela sabia quem ele era e insultava-o com desprezo.

E quando o moço regressou, pôs-se a gritar acusações amargas, apontando-lhe o revólver...

Contudo, logo após, profundamente desapontado, soube que

Pedroso estava em companhia da própria irmã, cega e já bastante surda, que viera do interior para tratamento no Rio.

HILÁRIO SILVA

53
EM CASA

Ninguém foge à lei da reencarnação.

*

Ontem, atraiçoamos a confiança de um companheiro, induzindo-o à derrocada moral.

Hoje, guardamo-lo na condição do parente difícil, que nos pede sacrifício incessante.

*

Ontem, abandonamos a jovem que nos amava, inclinando-a ao mergulho na lagoa do vício.

Hoje, temo-la de volta por filha incompreensiva, necessitada do nosso amor.

*

Ontem, colocamos o orgulho e a vaidade no peito de um irmão que nos seguia os exemplos menos felizes.

Hoje, partilhamos com ele, à feição de esposo despótico ou de filho-problema, o cálice amargo da redenção.

*

Ontem, esquecemos compromissos veneráveis, arrastando alguém ao suicídio.

Hoje, reencontramos esse mesmo alguém na pessoa de um filhinho, portador de moléstia irreversível, tutelando-lhe, à custa de lágrimas, o trabalho de reajuste.

*

Ontem, abandonamos a companheira inexperiente, à míngua de todo auxílio, situando-a nas garras da delinquência.

Hoje, achamo-la ao nosso lado, na presença da esposa conturbada e doente, a exigir-nos a permanência no curso infatigável da tolerância.

*

Ontem, dilaceramos a alma sensível de pais afetuosos e devotados, sangrando-lhes o espírito, a punhaladas de ingratidão.

Hoje, moramos no espinheiro, em forma de lar, carregando fardos de angústia, a fim de aprender a plantar carinhos e fidelidade.

*

À frente de toda dificuldade e de toda prova, abençoa sempre e faze o melhor que possas.

Ajuda aos que te partilham a experiência, ora pelos que te perseguem, sorria para os que te ferem e desculpa todos aqueles que te injuriam...

A humildade é chave de nossa libertação.

E, sejam quais sejam os teus obstáculos na família, é preciso reconhecer que toda construção moral do Reino de Deus, perante o mundo,

começa nos alicerces invisíveis da
luta em casa.

EMMANUEL

54
SENHAS CRISTÃS

Estudo e trabalho.

Serviço orientado, rendimento maior.

Vigilância e oração.

Sombra e luz podem surgir em qualquer circunstância.

Boa vontade e discernimento.

O equilíbrio moral é filho do sentimento aliado à razão.

Esperança e alegria.

Do bem puro verte a perfeita felicidade.

Entendimento e perdão.

A fraternidade compreende e socorre.

Palavra e exemplo.

Não há virtude sem harmonia.

Auxílio e silêncio.

A caridade foge ao ruído.

Brandura e firmeza.

Há momento para o "sim" e há momento para o "não".

Humildade e perseverança.

Sem obediência ao próprio dever não há caminho para a ascensão.

ANDRÉ LUIZ

55
FENÔMENOS MEDIÚNICOS

Os fenômenos mediúnicos a se evidenciarem, inevitáveis, nas estradas do homem, guardam expressiva similitude com a presença das águas, nos caminhos da Terra.

Águas existem, por toda parte.

Possuímo-las cristalinas em fontes recamadas de areia, pesadas de barro nos rios que desgastam o solo, tisnadas na sarjeta em que rolam depois da chuva, lodacentas no charco, furtadas de represas, concentradas em lagoas infectas, amargas em poços largados no esquecimento, semienvenenadas nos esgotos de lama...

Todas elas, contudo, podem ser decantadas, medicadas, purificadas e renovadas para servir.

Assim também os fenômenos mediúnicos.

Venham de onde vierem, assinalam-se por determinado valor.

Entretanto, é preciso não esquecer que devem ser examinados, raciocinados, interpretados e compreendidos para mostrarem proveito justo.

Para eles e junto deles, todos nós temos a Doutrina Espírita por filtro de tratamento.

À vista disso, não desprezeis fato algum, mas, igualmente, em tempo algum, não vos canseis de estudar.

ALBINO TEIXEIRA

56
NOSSA VIDA MENTAL

As almas ingressam nas responsabilidades que procuram para si mesmas.

Segundo talhamos o nosso perfil moral, angariamos os favores das oportunidades de serviço diante das Leis Universais.

Ninguém foge aos estigmas da viciação com que sulca a estrutura da própria vida. Paz significa vitória da mente sobre os seus próprios atributos.

Resguardemos, assim, a vida mental, na certeza de que o teor da nossa meditação condiciona a altura da nossa tranquilidade.

Nada ocorre conosco sem resultado específico.

Teimosia no erro — conta agravada.

Ausência de disciplina — débito permanente.

Remorso — aviso da consciência.

Reajustamento — estágio na enfermidade.

Multiformes ocorrências no mundo interior anunciam constantemente o clima de nossa escolha. A tempestade é precedida dos indícios inequívocos que lhe configuram a extensão.

De igual modo, através da análise real de nós mesmos, encontramos o exato esboço das futuras experiências. À vista disso, ante a luz do Evangelho, ninguém desconhece a essência do destino que se lhe desdobra ao porvir.

A Justiça da Lei tem base na matemática. E quem possui parcelas determinadas pode ajuizar perfeitamente quanto à soma daquilo ou disso.

Entrega-te, pois, a novos haustos de esperança e supera as próprias limitações, atendendo aos apelos do amor que ecoam da Altura.

Reúne humildade e serviço, simplicidade e perdão, estudo e caridade, bondade e tolerância, no esforço de cada dia, e com semelhantes fragmentos de amor e luz levantarás o templo divino de tuas mais belas aspirações, diante da Eternidade.

André Luiz

57
PEDE AJUDANDO

Pede ardentemente o Amparo Celestial, mas não olvides o socorro a que te sentes compelido no caminho terrestre.

O Anjo ouve o Homem na medida que o Homem ouve os próprios irmãos.

Esperas jubilosa segurança para os que nasceram em tua equipe doméstica, no entanto, consagra essa ou aquela migalha de teu próprio conforto aos que se reúnem, desalentados, na furna do sofrimento.

Contas com o agasalho justo em favor daqueles que te merecem carinho, contudo, estende alguma peça desnecessária ao companheiro relegado à intempérie.

Rejubilas-te com o pão farto, entretanto, divide alguma fatia dispensável à mesa com aqueles que trazem o estômago flagelado no corpo desnutrido.

Agradeces, ditoso, os talentos da provisória tranquilidade que te enriquecem os dias, mas aplica alguns momentos no concurso fraterno, a benefício dos que choram sem esperança.

Regozijas-te com a fé luminosa de que te coroas perante o mundo, todavia, não fujas à esmola de paz aos que vagueiam nas trevas.

Alegras-te com a saúde preciosa que te assegura harmonia interior, no entanto, ampara o enfermo esquecido que te mostra os braços sequiosos de entendimento.

Ergues tua voz ao Templo Celeste, entretanto, milhares de vozes, cada dia, erguem-se da sombra humana, buscando-te o coração.

Aqui alguém te solicita a bênção da simpatia, adiante há quem te rogue cooperação.

Pede, pois, ajudando.

Lembra-te de que podes também auxiliar e serve quanto possas.

Pela fé subirás ao Senhor com a tua súplica, mas pela caridade o Senhor descerá ao teu encontro para que as tuas mãos se enriqueçam de amor na construção do Reino da Luz.

Emmanuel

58
CAMINHOS RETOS

Tempo sem desperdício.

Trabalho sem desânimo.

Estudo sem cansaço.

Oração sem inércia.

Alimentação sem abuso.

Tranquilidade sem preguiça.

Alegria sem desordem.

Distração sem vício.

Fé sem fanatismo.

Disciplina sem violência.

Firmeza sem arrogância.

Amor sem egoísmo.

Ajuda sem paga.

Realização sem jactância.

Perdão sem exigência.

Dificilmente libertar-nos-emos da ilusão que nos confunde a vida, se fugimos de palmilhar esses caminhos retos, rumo à Imortalidade Triunfante.

André Luiz

59
DÁDIVA ESPERADA

Em qualquer tempo, para a nossa alegria de pensar e realizar, a Divina Providência nos concede todos os recursos de que temos necessidade:

o corpo ativo;
a inteligência lúcida;
o entendimento claro;
a inspiração construtiva;
a riqueza das horas;
o tesouro das energias;
a vantagem do movimento;
o verbo ágil;

o conforto doméstico;
a possibilidade de trabalhar;
o aviso da experiência;
a simpatia do próximo;
o dom de compreender;
o ensejo de auxiliar.

No entanto, em todas as tarefas, a Providência Divina espera de nós uma dádiva simples — nossa atitude de paciência, na hora difícil, para que não se interrompam o serviço do bem.

Albino Teixeira

60
JUSTOS E INJUSTOS

Cada manifestação da criatura atende a objetivo determinado conforme as necessidades da experiência.

Todo gesto traz significação particular.

Toda intenção é potencial de procedimento.

Quem ostente conhecimento nobre ou paz interior já surpreende em si mesmo, força e razão para engrandecer a própria estrada. Todavia, o espírito que se entregou às tendências infelizes, baldo de estímulos que aniquilem a rotina da angústia, carece de mão amiga e recurso salvador para empreender a grande libertação.

Assim, Jesus, envergando a condição de santificante sabedoria, demandou os corações imersos nos cipoais da perturbação entretecidos por eles próprios, repontando nos caminhos humanos qual facho de claridade imarcescível, retificando roteiros, dulcificando sentimentos, burilando instintos e incentivando renovações.

E, após o patíbulo da cruz, permanece conosco em toda circunstância, sorrindo ou sofrendo com os nossos atos.

Estende socorro ao caído sob o jugo de hábitos viciosos...

Reacende o lume da confiança na consciência ergastulada no desespero, tanto na Terra quanto no Mundo Espiritual...

Fortalece os ideais superiores que bruxuleiam nas almas, estendendo a luz a quem tropeça em sombras...

Compreende os fortes, mas solidariza-se com os oprimidos de todas as procedências...

Não só ergue a misericórdia, mas exalta igualmente a justiça, transfundindo a loucura em bom senso...

Distribui a côdea de pão e a cartilha do ensinamento, na sustentação do clima do amor e da verdade...

Eis por que, disse-nos o Mestre: — "Eu não vim chamar os justos, mas sim os pecadores."

Quando a dor e a ansiedade surgirem violentando-nos o ser, saibamos contrapor a pureza de nossa fé e a chama de nosso ideal às condições exíguas e superficiais dos testemunhos terrestres, convictos de que o ensino do Mestre é esclarecimento para as mentes ensombrecidas e ensejo bendito de passarmos da condição de injustos e transviados para entendedores das Leis Divinas e cooperadores leais da Obra da Criação.

AUGUSTO SILVA

61
CONSTRUIR

Para construir a floresta, a Natureza gasta séculos de serviço.

Para destruí-la, basta a chispa de fogo.

*

Para construir a casa, grande turma de obreiros despende longos dias.

Para destruí-la, basta um só homem de picareta, no espaço de algumas horas.

*

Para construir o jarro de legítima porcelana, o ceramista utiliza tempo enorme de vigília e preparação.

Para destruí-lo, basta um martelo.

*

Para construir o avião, primorosa equipe de técnicos associa prodígios de inteligência, na ação de conjunto.

Para destruí-lo, basta um erro de cálculo.

*

Para construir o depósito de combustíveis, o homem é constrangido a providências numerosas, alusivas à edificação e à preservação.

Para destruí-lo, basta um fósforo aceso.

*

Para construir a cidade, o povo emprega anos e anos de sacrifício.

Para destruí-la, basta hoje uma bomba.

*

Irmãos, sempre que chamados à crítica, respeitemos o esforço nobre dos semelhantes.

*

CONSTRUIR

Para construir, são necessários amor e trabalho, estudo e competência, compreensão e serenidade, disciplina e devotamento.

Para destruir, porém, basta o golpe.

ANDRÉ LUIZ

62
FÉ

Martim Gouveia, moço ainda, afeiçoara-se a pilhar residências incautas, subtraindo o que pudesse, sem nunca ter caído nas mãos das autoridades.

Naquela noite namorara atentamente uma casa fechada qual se ninguém residisse ali.

Pé ante pé galgou o muro do quintal e forçou a porta dos fundos.

Abriu-a com habilidade, penetrando na moradia.

Passou pela cozinha e ganhou o interior.

Procurou um dos quartos onde esperava encontrar valores maiores e empurrou, de leve, a porta.

Nisso, contudo, ouviu respiração estertorosa.

Julgando ser alguém que dormia ressonando, avançou mais ainda.

Admirado, vê então um vulto que se esparrama num leito.

O intruso leva a mão ao punhal.

Mas ouve a voz fraca e entrecortada de um homem deitado que o vislumbra no lusco-fusco.

O desconhecido alonga os braços e fala sob forte emoção:

— Oh! Graças a Deus! Você escutou os meus gemidos, meu filho? Foram os Espíritos! Você é um enviado dos Mensageiros Divinos!...

Martim, surpreso, abandona a ideia de arma.

Adianta-se para o velhinho que pode agora distinguir sob a luz mortiça do luar através da vidraça.

O ancião repete maravilhado:

— Oh! Graças a Deus! Meu filho, preciso muito de você... Sou paralítico e sem ninguém... Não tenho forças para gritar... Há muito tempo não recebo visitas. Você me ouviu!...

Depois de pequena pausa continuou:

— Busque um remédio... Sinto muita falta de ar... Leia algo que me conforte... Para não morrer sozinho... Você é um enviado dos Espíritos...

E por que o enfermo lhe estendesse um livro, Martim, condoído, acendeu a luz e dispôs-se a ler, emocionado...

Era um exemplar de *O evangelho segundo o espiritismo*, ensebado de suor e de lágrimas.

O hóspede imprevisto leu e leu, até alta madrugada e, desde aquele instante, desistiu de assaltos e furtos, cuidando do velhinho, administrando-lhe remédios, prestando-lhe assistência e lendo com ele os livros espíritas da sua predileção.

Após cinco meses, o doente desencarnou em clima de paz, deixando-lhe a casa e os bens como herança e a alma renovada pelo exemplo de fé nos Espíritos Bons.

HILÁRIO SILVA

63
LEI DO TRABALHO

O verme aduba.

A terra acalenta.

O orvalho protege.

O vento renova.

A semente produz.

O arado sulca.

A enxada coopera.

O tronco ampara.

A flor embalsama.

O fruto alimenta.

A pedra segura.

A fonte enriquece.

O fio agasalha.

A agulha compõe.

A estrada aproxima.

O sinal informa.

A ponte reúne.

A pena grava.

O martelo afeiçoa.

O serrote corrige.

O teto recolhe.

A mesa atende.

O vaso auxilia.

A lâmpada clareia.

O leito socorre.

CHICO XAVIER e WALDO VIEIRA

A própria chama condicionada é a bênção da lareira doméstica e a gota de veneno, controlada a rigor, é remédio que cura.

Repare, desse modo, a lei do trabalho e da disciplina, funcionando junto de ti, através de fatos e coisas, aparentemente sem importância.

Tudo age.

Tudo obedece.

Tudo evolui.

Tudo responde.

Tudo serve.

E, sabendo que cada criatura deve ser útil, conforme as faculdades de que disponha, observa o que fazes com o tesouro das horas, porquanto o tempo chamado "hoje" é recurso em teu favor, na contabilidade da vida, marcando-te acerto de contas para amanhã.

EMMANUEL

64
EM SILÊNCIO

Em silêncio:

Os ninhos estelares da Vida Cósmica iluminam o firmamento ajudando a evolução.

A Terra gira incessantemente mantendo a preciosa estabilidade da moradia humana.

O Sol vivifica o passo das criaturas.

A árvore enriquece os recursos da vida.

O seixo escuro de grafite se transforma em gema preciosa no perpassar dos séculos.

O bem reajusta os desequilíbrios do mal, melhorando o mundo.

A sabedoria se expande nas profundezas do Universo.

O tempo faz o desfile das oportunidades de aprimoramento e elevação.

*

Recorda sempre a aplicação justa do silêncio no desenvolvimento das próprias ações, na certeza de que não há caridade ruidosa ou amor unido a sensacionalismo, pois, até Jesus, Nosso Mestre e Senhor, emoldura as suas manifestações de Misericórdia Sublime com o amparo do silêncio que traz consigo a sabedoria do amor eterno.

ANDRÉ LUIZ

65
CARIDADE: SOLUÇÃO

Diante do dever, pensa na caridade, serve e passa.

Diante da dor, pensa na caridade, socorre e passa.

Diante do infortúnio, pensa na caridade, auxilia e passa.

Diante da aflição, pensa na caridade, consola e passa.

Diante da sombra, pensa na caridade, ilumina e passa.

Diante da perturbação, pensa na caridade, esclarece e passa.

Diante da ignorância, pensa na caridade, ensina e passa.

Diante da injúria, pensa na caridade, perdoa e passa.

Diante do golpe, pensa na caridade, tolera e passa.

Diante da tentação, pensa na caridade, ora e passa.

Diante do obstáculo, pensa na caridade, espera e passa.

Diante da negação, pensa na caridade, confia e passa.

Diante do desânimo, pensa na caridade, ajuda e passa.

Diante da luta, pensa na caridade, abençoa e passa.

Diante do desequilíbrio, pensa na caridade, remedia e passa.

Diante da tristeza, pensa na caridade, reconforta e passa.

Diante de todo mal, pensa na caridade, faze todo bem ao alcance de tuas mãos e segue adiante.

"A cada dia basta o seu próprio trabalho" — diz-nos a sabedoria do Evangelho.

Toda criatura, a caminho da perfeição, segue na estrada bendita da experiência.

Toda experiência é uma prova.

Toda prova configura um problema.

Caridade é a solução.

FABIANO DE CRISTO

66
CAOS DA EMOÇÃO

Cólera — caos da emoção.

Aviso de calamidade iminente.

Ingrediente envenenado no alimento da vida.

Aniquila o entendimento.

Expulsa a simpatia.

Desarticula as forças edificantes.

Destrói a fraternidade.

Além disso, prova a total ausência de defesa, entremostrando o patente regresso aos estados primitivos da evolução.

Onde surge é o dardo da violência.

Como surge é o problema da invigilância.

Quando surge é, frequentemente, o anúncio da enfermidade e a vizinhança da morte.

*

Se a luta evoca essa fera da retaguarda na intimidade de sua alma, courace o pensamento na oração, procurando o equilíbrio.

Somente a harmonia pode instalar você na defensiva, para acertar mais e errar menos.

Peça amparo aos Espíritos Benfeitores contra os ataques desse monstro magnético.

Ele é como o fogo. Para alastrar-se e destruir por um incêndio, basta apenas fagulha.

Serenidade — eis o verdadeiro caminho.

Valérium

67
ALEGRIA

Alegria é o cântico das horas com que Deus te afaga a passagem no mundo.

Em toda parte, desabrocham flores por sorrisos da Natureza e o vento penteia a cabeleira do campo com música de ninar.

A água da fonte é carinho liquefeito no coração da terra e o próprio grão de areia, inundado de sol, é mensagem de alegria a falar-te do chão.

Não permitas, assim, que a tua dificuldade se faça tristeza entorpecente nos outros.

Ainda mesmo que tudo pareça conspirar contra a felicidade que esperas, ergue os olhos para a face risonha da vida que te rodeia e alimenta a alegria por onde passes.

Abençoa e auxilia sempre, mesmo por entre lágrimas.

A rosa oferece perfume sobre a garra do espinho e a alvorada aguarda, generosa, que a noite cesse para renovar-se diariamente, em festa de amor e luz.

MEIMEI

68
EVITE CONFUNDIR

Humildade com deserção.

O Espírito verdadeiramente humilde possui a coragem de servir em todas as circunstâncias.

*

Cooperação com subserviência.

O servilismo desajuda em qualquer missão de auxílio.

*

Jovialidade com extroversão inconveniente.

O otimismo pede correção e serenidade.

*

Ideal com fantasia.

Quem foge à realidade adormece em pesadelo.

*

Compreensão com temor.

O medo obscurece a razão.

*

Estudo com negligência.

Sem método, todo esforço surge deficitário.

*

Paz com tristeza.

EVITE CONFUNDIR

O sentimento nobre desconhece a consternação doentia.

*

Ponderação com egocentrismo.

Quem pondera, no bom sentido, despersonaliza os pensamentos.

*

Disciplina com dominação.

A ordem age com critério e o autoritarismo encoraja a violência.

*

Amor com parcialidade.

O amor puro não distingue facções para manifestar-se.

*

Fuja ao barateamento dos valores reais da vida.

Destaca-se o homem dos demais seres da criação pela faculdade de discernir o bem do mal, a verdade do erro e o justo do injusto, na movimentação dos próprios passos.

ANDRÉ LUIZ

69
PENSAI NISSO

O homem na Terra pode realizar as mais altas façanhas da inteligência:

medir as estrelas;

estudar os mundos distantes;

vencer a gravitação e arrojar-se no Espaço;

atravessar os domínios aéreos;

governar o oceano;

controlar as forças da Natureza;

transmitir a palavra e a imagem, de ponta a ponta da Terra;

analisar a essência da luz;
escalar os Himalaias;
refrigerar as areias de Gobi;
aquecer a Sibéria;
arrebentar os tesouros do sub-solo;
construir arranha-céus;
interferir na genética;
anular a dor física;
frustrar as epidemias;
debelar a infecção;
enxertar órgão e tecidos de um corpo na estrutura de outro corpo;
prolongar a existência humana;
alterar a vida dos animais e das plantas;

promover todas as experimentações científicas;

plasmar sonhos de arte;

expressar em letra os mais complexos pensamentos...

Todos esses prodígios, o homem na Terra pode fazer, contudo, é da Lei do Universo que ninguém escape à cirurgia da morte.

Irmãos, refletindo em vossos problemas, pensai também nisso.

Albino Teixeira

70

A CARIDADE NUNCA FALHA

A caridade nunca falha.
— PAULO.
(*I Coríntios*, 13:8.)

Quem escolhe intenções elevadas no desempenho de sua atividade, jamais esbarra em fracasso.

Quem perdoa de coração qualquer ofensa, não aloja o arrependimento no íntimo.

Quem se vê incompreendido ao elaborar o ato digno, recebe em seu favor a compreensão da Misericórdia de Cima.

Quem visa o interesse do próximo na obra em curso, somente descobre motivos para confiar no próprio êxito.

Quem estuda para ajudar a outrem com o facho do conhecimento, invariavelmente alcançará o aprendizado.

Quem se sacrifica para minorar o sofrimento daqueles que lhe rodeiam a marcha, demanda novos domínios da felicidade essencial.

Quem se esforça por viver o amor puro sob qualquer aspecto, acerta sempre no instante de definição.

Eis por que assevera o Apóstolo aos irmãos de Corinto:

— "A caridade nunca falha".

Realmente, a caridade expressa a perfeição dentre as manifestações da criatura e dimana, em seus fundamentos, do Amor Infinito de Deus.

Um ato de caridade traz em si a argamassa indestrutível da Eterna Perfeição, composta de sabedoria e justiça, trabalho e solidariedade, confiança e paz.

O erro torna-se inexequível ao Espírito quando o coração perdoa sem condições, estuda com dignidade ou trabalha desinteressadamente.

Assim, a luz da caridade jamais se extingue.

Onde surge, as controvérsias transformam-se em colóquios fraternais, a tristeza rende-se à alegria, o desânimo perde a razão de ser e as almas aceleram o voo na esteira evolutiva.

Muitos aprendizes da Verdade pesquisam sofregamente a fórmula ideal para a vitória na Vida, no entanto, ela aí brilha à mão de qualquer um, estruturada na gradação infinita da caridade.

Busquemos, pois, prosseguir sem falhas.

Volta o olhar para o cosmo interior e procede à avaliação da própria conduta, segundo o câmbio único da virtude sublime, e estarás vivendo, em ti mesmo, a batalha sem derrotas, o itinerário sem desvio, a luta sem quedas e a luz sem sombras, sob o beneplácito d'aquele que é Todo-Amor e Todo-Justiça.

Emmanuel

71
UM TANTO MAIS

Você guarda a impressão de haver esgotado o estoque de todos os seus recursos, em determinada tarefa de amor, mas se você perseverar um tanto mais no devotamento, ninguém pode prever os louros de luz que brilharão em seu passo.

Você está doente e pretende obter licenças de longo prazo, mas se você continuar um tanto mais em serviço, ninguém pode prever o tesouro de forças novas que lhe aparecerá no caminho.

Você encontrou imensas dificuldades no exercício das boas obras e anseia fugir delas, mas se você persistir um tanto mais na construção da beneficência, ninguém pode prever o triunfo que as suas horas recolherão, nas fontes vivas da caridade.

Você acredita que não pode tolerar o amigo importuno, o filho teimoso, o irmão inconsciente, a esposa inconstante ou o marido insensato, mas se você suportar um tanto mais a luta em família, ninguém pode prever a extensão do júbilo porvindouro em seu ninho doméstico.

Você supõe que o azar é seu clima e chora na bica do desespero, mas se você cultivar um tanto mais de fidelidade às próprias obrigações, ninguém pode prever a amplitude do seu êxito, no amanhã que vem perto.

Você experimenta enorme cansaço e não quer dar ouvidos ao companheiro de longa conversa, mas se você esticar um tanto mais o seu sacrifício, ninguém pode prever os prodígios da colheita de bênção que surgirão dos seus breves minutos de gentileza.

Observe que você mesmo, para realizar isso ou aquilo, exige incessantemente dos semelhantes um tanto mais de bondade, um tanto mais de cooperação, um tanto mais de tempo, um tanto mais de carinho...

O gênio é a paciência que não se acaba.

É justo que você deseje um tanto mais de felicidade, mas, para isso, é necessário que você ajude um tanto mais a felicidade dos outros.

Repare você as lições da vida e compreenderá que a vitória no bem é sempre trabalhar conforme o dever e servir um tanto mais.

ANDRÉ LUIZ

72
CONDIÇÃO IRRECUSÁVEL

Através dos mundos — infindáveis retortas do Laboratório de Deus — as encarnações sucessivas alimentam as gerações sucessivas.

Em razão disso, grande número de espíritos ressurge na matéria densa de três em três ou de quatro em quatro gerações.

Ninguém se desvencilha do círculo das encarnações dolorosas, repentinamente.

Isso somente ocorre a pouco e pouco, esforço a esforço.

Depois da lenta evolução dos milênios, a Terra vive agora o "século do fato", em que o raciocínio comanda a verificação de todos os sucessos, desfazendo a miragem dos sofismas; época das mais belas florações do pensamento sublime e, ao mesmo tempo, das mais estranhas fecundações da animalidade instintiva, por apresentar as promessas do porvir e os detritos do passado, no dealbar de nova aurora.

Descem os minutos semelhando grãos de areias na ampulheta

do Espiritismo, ampliando os conhecimentos da Humanidade; os Espíritos a se manifestarem, aqui e ali, vão escrevendo a história de nossa própria responsabilidade ante as leis do destino.

Já não podemos dormir o sono da ingenuidade.

Necessário aplicar discernimento em todas as manifestações, sem copiar a instabilidade doudejante do cata-vento.

A matéria não pensa e, por outro lado, pensamentos esvoaçantes não conduzem a qualquer meta construtiva.

Registra-se a vida humana em regime de penhora. O corpo é a caução.

Se somos cristãos cujo figurino se adaptou às regras modernas, nem por isso poderemos pautar nossos atos pelos códigos cediços da moral de aparências por fora e de enganos por dentro.

Nosso coração deve viver em mil corações que nos rodeiam.

Assim, premia com o olhar de indulgência a quem te fere,

recordando que possuímos colegas de experiência terráquea a viverem, do berço ao túmulo, entre o presídio e o hospital, até desaparecerem fazendo da ambulância o carro fúnebre, constantemente dilacerados pelas farpas de amargoso caminho...

E estende o óbolo da atenção a quem te intercepte o passo, cultivando a fraternidade espontânea, como quem sabe que amanhã não podes prescindir do amparo desse ou daquele companheiro desconhecido.

Trabalhemos e trabalhemos...

CONDIÇÃO IRRECUSÁVEL

Desistamos da peleja inglória de tentar, inutilmente, terçar armas contra os jorros imponderáveis da luz...

Ação por ação, a tarefa mais nobre será sempre aquela que traz consigo a produtividade no bem puro, pois todos somos credenciados a estender mãos amigas.

Quanto mais evoluída a alma, muito maior é o intervalo reencarnatório que desfruta na Espiritualidade Superior, entre duas existências.

Se intentas, pois, desferir o voo largo da redenção, não revivas o teu "ontem", mas sim vive o teu "hoje"!

Abre sorrisos, verte lágrimas, lança ideias, cria palavras e esparze ações, mas utiliza todas essas possibilidades para servir, construindo monumentos de amor ao próximo, enxugando o suor do povo na sublime oportunidade do presente, porquanto somente existe essa condição, abençoada e irrecusável, para diminuirmos os estágios de prova e de aflição no cenário terrestre.

LAMEIRA DE ANDRADE

73
PRONTO-SOCORRO

Quem se refere a influências perniciosas é compelido a reconhecer os mais estranhos acidentes morais em toda parte, através da ingestão de corrosivos do pensamento.

Provindas de encarnados ou desencarnados vagueiam culturas corruptoras, aqui e acolá, desenvolvendo nos ambientes mais luzidos, a atmosfera pestilencial que fecunda os germes do crime ou prepara a intromissão da enfermidade e da morte.

Agora, é o vírus sutil da maledicência recolhendo as almas desprevenidas, na rede das trevas, de que escorre a lama da calúnia destruidora...

Depois, é o veneno do juízo precipitado, em torno das atitudes alheias, inflamando a cólera que se arma de violência para estender a injustiça...

Aqui, é o morbo do desalento, achacando corações simples e bem formados, por intermédio de queixas infindáveis e deprimentes, instalando a vitória da preguiça em prejuízo das boas obras...

Ali, é o fel da discórdia, a verter da boca insensata, projetando lodo na senda de companheiros esperançosos e amigos, para que todos os planos do bem desçam da claridade em que se esboçam para a sombra do mal que os asfixia no nascedouro...

Lembra-te, pois, de semelhantes perigos que surgem a cada passo e constrói na própria alma o pronto-socorro, capaz de atender a necessidade dos outros preservando a ti mesmo, contra o desequilíbrio calamitoso.

Nesse refúgio assistencial de emergência, disporás do silêncio e do perdão, da frase benevolente e do entendimento conciliador, do consolo e da prece, como digna medicação a aplicar em regime de urgência justa.

Conserva, assim, essa farmácia de compreensão e fraternidade no imo do próprio ser e arrancarás muita gente do trauma letal da crueldade e do ódio, da miséria e da ignorância, como servidor genuíno do Mestre Inolvidável que elegeu no amor puro o grande roteiro de nossa libertação do passado para a conquista do celeste porvir, em perenidade de luz.

EMMANUEL

74

VOCÊ ESTÁ ACAMADO?

Todos reconhecem o desconforto da prisão no leito, no entanto, a irritação piora qualquer doença.

— A dor sufoca-lhe as esperanças?

O consolo da prece é medicamento para todos os males.

— A confiança na cura foge-lhe ao coração?

Nem médicos ou familiares podem garantir-lhe a melhora que

nasce, espontânea, do íntimo de você mesmo.

— A revolta envenena-lhe a alma?

A Terra só é vale de lágrimas para os olhos do pessimismo.

— A morte ronda-lhe os pensamentos?

Passagem para a Espiritualidade, caminho de todos.

— O destino dos filhos ensombra-lhe as horas?

A herança mais valiosa é o exemplo do amor à Providência Divina, através das obrigações cumpridas.

— Saudades aflitivas laceram-lhe a memória?

A mente é a nossa primeira farmácia.

— Sente remorsos, à vista de antigos passos?

Homem algum na Terra pode gabar-se de santo.

— Seus lábios já não mais sabem sorrir?

Recorde que os enfermos otimistas e alegres amparam caridosamente quem os visita, estimulando-lhes a coragem.

Guarde a certeza de que se a luz do Evangelho é força no coração e brilho na consciência, a saúde está perto e todos os prognósticos são favoráveis ante o Grande Futuro.

ANDRÉ LUIZ

75
O INSTRUMENTO

Onde estiveres agradece ao Senhor o instrumento da purificação.

Ninguém vive sem ele.

Aqui, é o esposo de trato difícil.

Além, é a companheira de presença desagradável.

Acolá, é o filho rebelde.

Mais além, é a filha inconsequente.

Hoje, é o amigo que se confiou à incompreensão.

Amanhã, será o chefe áspero.

Depois, será o subalterno distraído.

Agora, é o companheiro que desertou.

Mais tarde, será o adversário, compelindo-te à aflição.

Silencia, aproveita e segue adiante.

A pedra recebe do martelo que a estilhaça, a dignidade com que se faz útil à construção.

O metal deve a pureza que lhe é própria ao cadinho esfogueante que o martiriza.

Não olvides que o corpo é o santuário de possibilidades divinas em que temporariamente te refugias para recolher a lição do progresso.

Cada caminho cede lugar a outro caminho.

Cada experiência conduz à experiência maior.

Toda luta é pão espiritual e toda dor é impulso à sublime ascensão.

Aprendamos, pois, a entesourar os dons da vida, respeitando os ensinamentos que o mundo nos impõe, na certeza de que, entre a humildade e o trabalho, alcançaremos, um dia, os cimos da glória eterna.

Scheilla

76
INDULGÊNCIA

A luz da alegria deve ser o facho continuamente aceso na atmosfera das nossas experiências.

Circunstâncias diversas, e principalmente as de indisciplina, podem alterar o clima de paz, em redor de nós, e dentre elas se destaca a palavra impensada como forja de incompreensão, a instalar entrechoques.

Daí o nosso dever básico de vigiar a nós mesmos na conversação, ampliando os recursos de entendimento nos ouvidos alheios.

Sejamos indulgentes.

Se erramos, roguemos perdão.

Se outros erraram, perdoemos.

O mal que desejarmos para alguém, hoje, suscitará o mal para nós, amanhã.

A mágoa não tem razão justa e o perdão anula os problemas, diminuindo complicações e perdas de tempo.

É assim que a espontaneidade no bem estabelece a caridade real.

Quem não reconhece as próprias imperfeições demonstra incoerência.

Quem perdoa desconhece o remorso.

Ódio é fogo invisível na consciência.

O erro, por isso, não pede aversão, mas entendimento.

O erro nosso, requer a bondade alheia; erro de outrem, reclama a clemência nossa.

A Humanidade dispensa quem a censure, mas necessita de quem a estime.

INDULGÊNCIA

E ante o erro, debalde se multiplicam justificações e razões. Antes de tudo, é preciso refazer, porque o retorno à tarefa é a consequência inevitável de toda fuga ao dever.

Quanto mais conhecemos a nós mesmos, mais amplo em nós o imperativo de perdoar.

Aprendamos com o Evangelho, a fonte inexaurível da Verdade.

Você, amostra da Grande Prole de Deus, carece do amparo de todos e todos solicitam-lhe amparo.

Saiba, pois, refletir o mundo em torno, recordando que se o espelho, inerte e frio, retrata todos os aspectos dignos e indignos à sua volta, o pintor, consciente, buscando criar atividade superior, somente exterioriza na pureza da tela os ângulos nobres e construtivos da vida.

ANDRÉ LUIZ

77
ROGATIVA DA JUVENTUDE

Reparaste-me os erros, no entanto, peço me mostres o caminho para que eu venha a trilhá-lo.

Acordei para o bem, sonhando servi-lo com fidelidade e pureza, contudo, numerosos quadros da vida anuviaram-me o coração.

Segui amigos que me traçaram rotas de luz, enredando-se nas armadilhas da sombra.

Induziram-me à abnegação e ao desprendimento, disputando as posses da Terra.

Aconselhavam-me a ajuda sem recompensa, agarrando-se ao próprio interesse.

Chamavam-me à humildade, exaltando a si mesmos.

Quantos falaram de tolerância e de paciência! Trazidos, porém, à hora do sacrifício derramavam azedume e pessimismo como se trouxessem no peito um vaso de fogo e fel.

Por isso, muitas vezes, tenho a desorientação instalada em minha alma.

Sei que meus modos te ferem, que as minhas palavras te afligem... Ainda assim, perdoa-me para que te possa compreender.

Não te busco a proteção como quem reclama.

Rogo-te auxílio moral, por amor do Cristo, que morreu na cruz para que entendêssemos a Verdade.

Todavia, não me fales apenas.

Ensina-me como devo fazer.

MEIMEI

78
NO CURSO DA VIDA

— Exemplifique o bem desinteressado.

Os nossos atos demonstram a proximidade ou a distância em que vivemos da Lei Divina.

*

— Viva com alegria.

O presente já faz parte de nossa vida imortal.

*

— Pondere cada atitude.

Tanto é difícil saber fazer quanto saber não fazer.

*

— Evite o isolamento sistemático.

Somos peças integrantes do ambiente em que existimos.

*

— Entenda a função da posse efêmera.

Nem a riqueza nem a privação expressam virtude.

*

— Não fuja ao começo.

A caridade corrige qualquer erro.

*

— Estude incansavelmente.

Alcançar novos conhecimentos é formular novas indagações.

*

— Cultive confiança.

Com temor não há progresso.

*

— Seja paciente na dor.

Crise, muitas vezes, é o nome que aplicamos à transformação do mal em bem.

*

— Amolde-se aos padrões do Evangelho.

Na essência, o mundo atual permanece quase o mesmo da época de Jesus.

ANDRÉ LUIZ

79
DIVINO AVISO

A luz do conhecimento que já atingiste, pode ser estendida à sombra dos outros.

O dinheiro que ajuntaste, pode ser amparo à necessidade dos semelhantes.

A fé que possuis, pode ser refúgio aos que desfalecem.

A doença que sofres, pode ser motivo de paciência, a valer entre os seres queridos por sustento moral.

A ofensa que recebeste, pode ser testemunho de humildade, confortando a todos aqueles que te partilham a experiência.

A hora de que dispões, pode ser trabalho a favor do próximo.

A palavra que falas, pode ser auxílio na luta alheia.

A atitude que tomes, pode ser diretriz do levantamento da caridade.

Ah, meu irmão da Terra!

Toda situação pode ser apoio à vitória do bem e todo serviço prestado ao bem é riqueza da alma, que malfeitores não furtam e que as traças não roem.

Escuta o relógio — coração do tempo que te orienta o caminho — e o tempo, qual mensageiro da Eterna Sabedoria, te revelará, por fim, que o seu tique-taque, incessante e sempre novo tique-taque, é divino aviso da Vida, recomendando:

— *Serve-serve, serve-serve!*

ALBINO TEIXEIRA

80
O SALÁRIO DA ABNEGAÇÃO

Qualquer trabalhador exerce as suas atividades profissionais dentro de limites determinados que o fazem credor de salário específico. No entanto, se o profissional, em qualquer setor de atividade humana ultrapassa as fronteiras naturais das próprias obrigações, guarda merecimento superior, à importância do vencimento estabelecido.

Semelhante salário-extra corresponde à abnegação.

As leis terrestres não recompensam o mérito extraordinário, por falta absoluta dos meios de aferição.

Assim, a abnegação do espírito encarnado, seja qual for o setor em que moureja, é paga pela Lei Divina que define o valor de cada ser no Plano Espiritual.

O trabalho comum, na Terra, é recompensado pela moeda a exprimir-se por honorários; o trabalho extra, no Reino do Espírito, é pago em recursos de ascensão para a alma.

O trabalho ordinário conduz o servidor ao domínio horizontal do meio em que vive; o trabalho extraordinário eleva-o, em sentido vertical, às Esferas Superiores.

Exemplificando, vemos o professor que apenas procura cumprir determinado plano de aulas, dedicando-se exclusivamente ao mister que lhe é próprio, dentro do limite mínimo de esforço e tempo, a receber a paga integral do serviço nos honorários que percebe. Todavia, aquele que transfigura o magistério em sacerdócio, ajudando aos discípulos, nos horários extraescolares, esmerando-se em estudos contínuos da matéria que leciona para superar o programa rotineiro, habilita-se a crédito extraordinário, de vez que demonstra rendimento superior ao exigido pelos próprios encargos. Semelhante educador receberá naturalmente o salário maior a que fez jus pela abnegação que revelou.

Quem pagará, entre os homens, o devotamento do coração feminino que se decide a recolher no próprio regaço os filhinhos alheios?

Qual instituto humano remunerará o desvelo da criatura generosa que apoia com desinteresse e carinho os companheiros em sofrimento?

Eis por que, contrapondo-se à orientação do esforço mínimo, a abnegação é sempre o esforço máximo, somente compensável pelos cofres da Bondade Divina.

Cumpre as obrigações que te cabem e granjearás vencimento justo na Terra.

Faze mais que o dever, pelo bem de todos, e, conforme as lições de Jesus, amontoarás tesouros nos Céus.

João Modesto

81
CALMA

Se você está no ponto de estourar mentalmente, silencie alguns instantes para pensar.

Se o motivo é moléstia no próprio corpo, a intranquilidade traz o pior.

Se a razão é enfermidade em pessoa querida, o seu desajuste é fator agravante.

Se você sofreu prejuízos materiais, a reclamação é bomba atrasada, lançando caso novo.

Se perdeu alguma afeição, a queixa tornará você uma pessoa menos simpática, junto de outros amigos.

Se deixou alguma oportunidade valiosa para trás, a inquietação é desperdício de tempo.

Se contrariedades apareceram, o ato de esbravejar afastará de você o concurso espontâneo.

Se você praticou um erro, o desespero é porta aberta a faltas maiores.

Se você não atingiu o que desejava, a impaciência fará mais larga distância entre você e o objetivo a alcançar.

Seja qual for a dificuldade, conserve a calma, trabalhando, porque, em todo problema, a serenidade é o teto da alma, pedindo o serviço por solução.

ANDRÉ LUIZ

82

O FIO ESQUECIDO

Fio esquecido, fio pobre.

Encarcerado na parede.

Aparentemente perdido na sombra.

Injuriado, muitas vezes, por insetos itinerantes.

Fio colado e que ninguém vê na estrutura de alvenaria.

Se pudesse falar, talvez dissesse: "nada valho", "não presto", "nada sou".

Entretanto, permanecendo no lugar que lhe é próprio, firme e disciplinado, é o condutor da força elétrica...

Embora não saiba, é o mensageiro da energia que assegura o conforto e o portador da claridade que mantém o serviço.

*

Ainda que você se reconheça humilde, criatura apagada ou aparentemente sem valor, lembre-se do fio pobre, encarcerado na parede...

Permaneça em seu lugar, ajudando e servindo, de pensamento

ligado constantemente à usina do Eterno Bem e mesmo que você não veja, não ouça, não conheça e não sinta alegria e a segurança que espalha, Deus sabe a importância da sua tarefa de amor e luz.

Valérium

83
OBEDIÊNCIA

Almejas realizar, influenciar, servir...

Afirmas-te, porém, sob constrições e dificuldades de toda sorte.

Observa, no entanto, o trem da vida em que viajas.

Carro que transporta, poltrona que guarda, prato que serve o fruto que alimenta, não surgiram sem começo. E todas essas utilidades, em se formando, para se mostrarem proveitosas, obedecem e obedeceram, na construção, na ordem, no tipo, na estrutura...

Se algo esperas edificar, não te afastes das exigências do início.

E, depois do primeiro passo, se aspiras à vitória no objetivo, segue, dia a dia, no trato da obediência.

EMMANUEL

84

NA ROMAGEM DA VIDA

O homem, muita vez, na romagem da vida humana é abordado por sucessos que lhe trazem o bem na forma de males e que, por isso mesmo, quase sempre não são imediatamente compreendidos.

A morte súbita do ente amado...

A incompreensão do amigo...

A calúnia planejada ...

A deserção do companheiro...

A visita da enfermidade...

Entretanto, a Justiça Divina tudo provê, no momento oportuno, e ele acaba encontrando a felicidade onde lhe parecia existir tão somente o infortúnio.

Também, inúmeros acontecimentos lhe assaltam a rota, ofertando-lhe o mal na forma de bens e que, por esse motivo, não se mostram entendidos com rapidez.

A fortuna pervertida...

A superestimação dos próprios valores...

A fulguração da inteligência desorientada...

O poder transviado...

A embriaguez haurida no cálice da lisonja...

Todavia, a verdade se incumbe de corrigir-lhe as percepções e, no momento oportuno, ele surpreende a presença da dor onde supunha identificar exclusivamente a alegria.

*

Lembremo-nos, pois, de que os males e os bens no mundo nem sempre são bens e males perante as Leis da Vida e que, por isso, acerto e desacerto, derrocada e vitória dependem de você mesmo, em qualquer parte.

ANDRÉ LUIZ

85
VINTE EXERCÍCIOS

Executar alegremente as próprias obrigações.

Silenciar diante da ofensa.

Esquecer o favor prestado.

Exonerar os amigos de qualquer gentileza para conosco.

Emudecer a nossa agressividade.

Não condenar as opiniões que divergem da nossa.

Abolir qualquer pergunta maliciosa ou desnecessária.

Repetir informações e ensinamentos sem qualquer azedume.

Treinar a paciência constante.

Ouvir fraternalmente as mágoas dos companheiros sem biografar nossas dores.

Buscar sem afetação o meio de ser mais útil.

Desculpar sem desculpar-se.

Não dizer mal de ninguém.

Buscar a melhor parte das pessoas que nos comungam a experiência.

Alegrar-se com a alegria dos outros.

Não aborrecer quem trabalha.

Ajudar espontaneamente.

Respeitar o serviço alheio.

Reduzir os problemas particulares.

Servir de boa mente quando a enfermidade nos fira.

*

O aprendiz da experiência terrena que quiser e puder aplicar-se, pelo menos, a alguns dos 20 exercícios aqui propostos, certamente receberá do Divino

Mestre, em plena escola da vida,
as mais distintas notas no curso
da Caridade.

                          Scheilla

86
DÍVIDAS

Eu sou devedor, tanto a gregos como a bárbaros, tanto a sábios como a ignorantes. — PAULO.
(*Romanos*, 1:14.)

O Apóstolo da Gentilidade frisou claramente a sua condição de legítimo devedor de todos e essa condição é a de qualquer outro ser da comunidade humana.

A criatura em si, não é apenas a soma das próprias realizações, mas também o produto de débitos inumeráveis para com o grupo a que pertence.

Cada um deve incalculáveis tributos às almas com quem convive.

Não nos esqueçamos de que vivemos empenhados à boa vontade dos corações amigos...

À sabedoria dos mais experientes...

Ao carinho dos companheiros próximos...

Ao apoio e ao estímulo dos familiares...

Aos nobres impulsos das relações fraternais...

Portanto, pelo reconhecimento das nossas dívidas comuns, provamos a real inconsequência do orgulho e da vaidade em qualquer coração e a impraticabilidade do insulamento em nosso passo evolutivo.

A dívida importa em compromisso e compromisso significa resgate natural ou compulsório.

Todos somos devedores uns dos outros.

Se ainda alimentas algum laivo de superioridade egoística, à frente dos semelhantes, lembra-te das dívidas numerosas, que ainda não saldaste, a começar pelo próprio instrumento físico que te foi emprestado temporariamente.

EMMANUEL

87
AMANDO SEMPRE

Aproveita o dia e faze o melhor, amando sempre.

Plasma a obra que vieste realizar entre os homens, enquanto o apoio do tempo te favorece.

Suporta com paciência as vicissitudes da estrada e aceita, nas circunstâncias difíceis, a justiça da vida que volta a pedir-te contas.

Na tarefa mais obscura, apõe o selo da bondade, e, na conversação mais simples, modela a palavra luminosa do entendimento.

Abraça em cada pessoa que te cruze o caminho, alguém que te leve mais longe a mensagem de auxílio, e, em cada página, por mais pequenina, que te registre o pensamento, grava o amor puro que te verte do ser.

Observa o relógio impassível.

Minuto marcado é valor que não torna.

Terás, sim, outros minutos, mas em novo dia, em novo problema, em nova situação e em nova paisagem...

Toda criatura terrestre, embora não perceba, vive a despedir-se do mundo, pouco a pouco, despachando, cada dia, com os próprios atos, a bagagem que encontrará na estação de destino.

Use, desse modo, as forças que Deus te empresta, na construção do bem, porque, amanhã, quando a morte chegar, compreenderás, por fim, que tudo quanto fizeste aos outros a ti mesmo fizeste.

MEIMEI

88
PRECEITOS DE TODA HORA

Caminhe com firmeza. Quem se acomoda com a precipitação tropeça a cada instante.

*

Examine a você mesmo. Na vigilância constante, educará você os próprios impulsos.

*

Higienize a própria mente, trabalhando no bem sem desânimo.

O cérebro preguiçoso acumula resíduos indesejáveis.

*

Escute seu irmão sem reproches. A caridade real começa na atenção generosa e amiga.

*

Aperfeiçoe o procedimento. Hoje melhorado é amanhã mais feliz.

*

Ampare o coração combalido. Ninguém pode prever a saúde próxima do próprio coração.

*

Faça luz com a sua palavra. Se hoje pode você orientar é possível que amanhã esteja você rogando conselhos.

*

Sofra com paciência e serenidade. No braseiro da revolta, ninguém consegue aproveitar a dor.

*

Melhore o vocabulário. Há palavras que, excessivamente repetidas, perdem a significação que lhes é própria.

*

Cultive a simplicidade. Embora não pareça, o Universo é imponente conjunto de leis claras e coisas simples.

*

Sirva sempre. O tédio é o salário de quem vive reclamando o serviço dos outros.

*

Improvise o bem onde você estiver. A sombra do mal é assim como o detrito que invade tudo, quando a limpeza está ausente.

ANDRÉ LUIZ

89
SONHOS VIVOS

A semente no celeiro é sonho vivo; transportada, à lavoura, transforma-se em árvore que produz. Sem isso murcharia no silêncio.

O minério no solo é sonho vivo; conduzido à atividade é matéria-prima. Sem isso, por tempo indeterminado, estaria na condição de mero calhau.

O plano de uma construção é sonho vivo; concretizado, porém, é obra de utilidade inapreciável. Sem isso seria mera figuração entregue à poeira.

A escola de pé é um sonho vivo; movimentada pelos obreiros da instrução é oficina de luz. Sem isso não passaria de promessa distante.

O livro na cabeça do escritor é sonho vivo; carregado ao campo das letras é usina de sugestões. Sem isso desapareceria por visão mental entrevista de longe.

A convicção espírita é também sonho vivo; mas trazida à realidade prática é tarefa para edificação do mundo melhor. Sem isso não passará de clarão escondido.

É por essa razão que todos podemos crer e aprender, discutir e apregoar, consolar e sermos consolados, entretanto, no terreno da verdadeira ascensão do espírito, nada conseguiremos sem trabalhar.

ALBINO TEIXEIRA

90
ORAR E PERDOAR

E, quando estiverdes orando, perdoai... — JESUS.

(*MARCOS*, 11:25.)

Como poderá alguém manter a própria consciência tranquila sem intenções sinceras?

De igual modo, poderemos indagar:

— Como sustentar o coração sereno durante a prece, sem análise real de si mesmo?

A oração para surtir resultados essenciais de conforto exige enfrentemos a consciência em todas as circunstâncias.

Intenções estranhas e sentimentos propositalmente viciados não se conciliam com o clima favorável à segurança de espírito.

A coexistência do mal e do bem no íntimo do ser impossibilita o estabelecimento da paz.

Sentimentos odiosos e vindicativos impedem a floração da Espiritualidade Superior.

A Deus não se ilude.

E a oração exterioriza a nossa emoção real.

Dessa maneira, sem a luz da harmonia e do amor, não perceberemos a resposta celeste às nossas necessidades.

A Lei não se dobra às nossas fraquezas, porque a Vontade Divina não pode errar com a vontade humana, competindo-nos o dever de adaptarmo-nos aos Excelsos Desígnios.

Atenta, pois, para as diretrizes que imprimes às tuas preces, na certeza de que o perdão deve ter presença invariável em todos os nossos atos para que as nossas petições encontrem livre curso, na direção de Deus.

> EMMANUEL

91
ERROS

Se você fez um erro, admita-o claramente.

Não fuja aos resultados.

Suporte com humildade os remoques da crítica.

Não acredite que você possa, de imediato, sanar a brecha em torno de seu nome.

Entretanto, não se ponha a chorar, inutilmente, porque esse não é o seu primeiro erro e nem será o último.

Levante a cabeça e recomece.

Demonstre sinceridade no reajuste.

Inicie a tarefa das boas ações, na escala que lhe seja possível, distribuindo parcelas de você e de sua influência, a quantos você possa ser útil, porque toda vibração de agradecimento funciona por material de reparação.

Trabalhe, ajudando sempre, na certeza de que o trabalho honesto, com o tempo, dissolve toda mágoa e apaga toda censura.

ERROS

Mas não torne a incidir no mesmo erro, porquanto quem sabe, de antemão, a falta que comete, em verdade, não se encontra na armadilha do erro e sim está manejando, conscientemente, a armadilha do mal.

ANDRÉ LUIZ

92
VEM AÍ

A jovem casara-se com o homem amado, contudo, não suportava a sogra. A nobre dama recebia da nora injúrias, remoques, humilhações.

Não podia acariciar o filho, sob pena de ver-se repentinamente insultada.

Não conseguia trabalhar, coagida pelas críticas incessantes.

Se tentava explicar-se era interpretada por descortês.

Se doente, era obrigada a sofrer pesado martírio para que o filho não sofresse mais que ela própria.

Aproveitando-se de viagem longa do esposo, que se ausentara em serviço, a nora expulsou a velhinha numa noite de frio rude e com tanto desconforto perambulou a infeliz que voltou à casa, depois de cinco dias, simplesmente para morrer.

Anos rolaram entre as saudades do filho e as queixas da esposa, que nunca se reconciliara com a sogra.

Entretanto, chegou o dia em que a nora também desencarnou e ao perguntar pela sogra veio a saber, espantada, que ela estava em seu próprio lar. Reencarnara-se, desde muito, e recebera-lhe extremo carinho na posição de filha caçula, tendo ficado na Terra, como apoio afetivo do próprio pai.

*

Não vale o cultivo da aversão de qualquer natureza, porque todo o Universo vive equilibrado na lei do amor.

Quando você estiver a ponto de odiar alguém, não se esqueça de que a reencarnação vem aí.

VALÉRIUM

93
DEUS PODE

Não fales "não posso" e nem digas "desesperei"...

Quando tiveres de explicar a palavra "exaustão", deixa que a esperança te refulja em silêncio na boca e sempre que te suponhas na liquidação de todos os sonhos, contempla as flores que desabrocham sobre as ruínas.

Muitas vezes, quem sabe definir o desânimo apenas desencadeia a tragédia, abrindo portas ao crime.

Estendes pão ao faminto e acolhes quem vai sem-teto, entretanto, nem sempre atendes ao coração agoniado no próprio peito, rogando-te paciência.

Ouve-lhe as aflições e pede a Deus te envolva no dom inefável de sua Bênção.

Se não consegues solucionar as dificuldades que te rodeiam, dize contigo: Deus pode.

Se incapaz de empreender a alteração necessária ao próprio caminho, afirma em tua alma: Deus pode.

Se impossibilitado para corrigir a quem amas, asseveras de novo: Deus pode.

Se inabilitado para extirpar a angústia que te alanceia, medita em prece: Deus pode.

E perdoando e ajudando sem descansar, aprenderás com Deus que a luz da verdadeira vitória é feita na paciência de cada dia.

MEIMEI

94
DEFINIÇÕES

Trabalho — bênção do Pai Celeste pela qual expungimos as próprias imperfeições.

Socorro — ação de auxílio indireto a nós mesmos, através do auxílio direto aos outros.

Estudo — armazém de recursos para o nosso aperfeiçoamento incessante.

Oração — apelo de nossa fé, trazendo a Luz Divina sobre a névoa de nossas limitações humanas.

DEFINIÇÕES

Caridade — luz santificante que revela a Presença do Criador, entre a bondade e a necessidade das criaturas.

Hoje — oportunidade insubstituível para a execução de nossos deveres no campo da Vida Eterna.

Disciplina — lição que podemos aprender com a Natureza em toda parte, sem a qual não estaremos tranquilos em parte alguma.

Verdade — conhecimento relativo acerca do Universo, do Destino e do Ser, que podemos guardar no degrau evolutivo em que nos colocamos.

Perdão — alimento vital de que todos somos necessitados.

Exemplo — prova externa daquilo que somos na intimidade da própria alma.

Perseverança — altar de nossa fidelidade à própria consciência.

Espiritismo — chave de libertação espiritual que Jesus nos oferece, a fim de que nos habilitemos, desde hoje, às conquistas da Imortalidade Vitoriosa.

André Luiz

95
TREINAMENTOS E REGIMES

Dizes-te interessado no corpo robusto e confias-te a severas disciplinas, com ginástica rigorosa e desportos educativos.

Afirmas-te doente e consagras-te a tratamentos de sacrifício, suportando largos jejuns e ingerindo poções amargas.

Lembra-te de que em nossa tranquilidade e segurança, necessitamos também de regimes e treinamentos.

Não ingressaremos no santuário da educação sem constante exercício no estudo e nem penetraremos a glória do amor, sem a prática incessante da caridade.

O atleta do corpo costuma indagar, sob os aplausos do povo:

— Quantas vezes venci os meus competidores?

O atleta da alma pode perguntar a si próprio, com a Bênção Divina:

— Quantas vezes tenho vencido a mim mesmo?

Em nossas atividades morais, na conquista da perfeição, é justo estejamos sempre na regata de suor do trabalho nobre, aprendendo o salto mental sobre as víboras da calúnia e da insensatez, e mantendo-nos na maratona da humildade, em partidas valiosas de tolerância e gentileza no amparo aos semelhantes.

Na defesa de nossa paz íntima, é preciso igualmente não esquecer a abstenção dos pensamentos infelizes, com deliberada fuga aos pratos da maledicência e ao vinagre da crítica, abolindo-se totalmente o vinho da lisonja e o licor do elogio que operam lastimável embriaguez com a deserção de nossas responsabilidades.

Treinamentos e regimes...

Não prescindes deles na Terra, para que te garantas nos domínios do equilíbrio fisiológico, em questões de eugenismo, saúde e preservação.

Não olvides, porém, que, em favor da harmonia de tua alma, não dispensarás esses mesmos recursos na sustentação da reta consciência e no cultivo da própria felicidade, porque, somente obedecendo às leis de trabalho e caridade, simplicidade e cooperação é que obteremos os títulos de simpatia e merecimento, capazes de conduzir-nos à alegria triunfante.

SCHEILLA

96
ANTEVIDÊNCIA DIVINA

Observe as lições silenciosas que o seu próprio corpo lhe administra, revelando a Antevidência Divina.

Não siga desacautelado.

Seus pés não se apoiam à terra à feição de simples esteios com vontade própria...

Respeite as faculdades genéticas.

Não é por acaso que os órgãos sexuais apenas funcionam sob a sanção do pensamento...

Coma moderadamente.

Seu estômago não é um só devido à falta de espaço no ventre...

Eduque as manifestações emotivas.

Não é à toa que o motor de seu coração vive durante a existência inteira vibrando oculto na caixa do peito...

Trabalhe sempre.

Suas mãos não se encontram desfrutando ampla liberdade de ação, na ponta dos braços, por meros enfeites...

Fale com parcimônia.

Sua língua não vive enclausurada no cárcere da boca por ser feia...

Escute atenciosamente.

Seus ouvidos não existem quais janelas incapazes de vedamento por descuido do Construtor Celeste...

Veja mais além.

Seus olhos não estão elevados sobre a face somente para olharem para baixo...

Discirna tudo.

Sua mente não trabalha como torre de comando de todo o corpo tão só para coroar-lhe a estética...

Atenda à consciência.

Se ela não surge visível em seu organismo é para não ter a voz selável...

Lembre-se, o seu corpo assinala a Excelsa Sabedoria e o Amor Ilimitado d'Aquele que é a Inteligência Suprema e a Causa Incriada de Tudo.

ANDRÉ LUIZ

97
DESEQUILÍBRIOS

O início das grandes obsessões é semelhante à pequenina brecha no açude que por vezes não passa de pedra desconjuntada ou de fenda oculta.

Os desequilíbrios da alma começam igualmente de quase nada, principalmente por atitudes e sentimentos aparentemente compreensíveis, mas que, em muitas ocasiões, se deslocam no rumo de ásperas consequências.

DESEQUILÍBRIOS

Desconfiança.

Dúvida.

Irritação.

Desânimo.

Ressentimento.

Impulsividade.

Invigilância.

Amargura.

Tristeza sem nexo.

Grito de cólera.

Discussão sem proveito.

Conversa vã.

Visita inútil.

Distração sem propósito.

Na represa, ninguém pode prever os resultados da brecha esquecida.

No caso da obsessão, porém, que, no fundo, se define por assunto de consciência, é imperioso que todos nós venhamos a reconhecer que, em toda e qualquer crise de fome, não é o pão que procura a boca.

ALBINO TEIXEIRA

98
OÁSIS DE LUZ

Suave, suavemente, belo jorro de luz desceu da Amplidão, coroando, de todo, a casa singela.

Dir-se-ia que a construção fora atingida em segundo por fúlgura cascata de raios luminescentes.

Inflamara-se o teto de láurea rutilante.

As paredes coloridas por luminárias ocultas faziam-se transparentes, despedindo bonançosas centelhas.

De janelas e portas, fluíram, de inesperado, caudais de bênçãos, qual se o ambiente interior estivesse inundado de nutriente energia.

Chamas blandiciosas dissolviam as sombras, desabotoando prematura alvorada em meio às trevas noturnas e o firmamento, nos cimos, parecia cálida umbela deitando flores argenteadas sobre o anônimo ninho humano, que passara da condição de apagado recinto à ilha refulgente no mar escuro de alvenaria.

Os insetos da noite ciciaram com mais brandura, cães das proximidades aplacaram ladridos e os habitantes de residências vizinhas experimentaram sem perceber a intangível presença de paz profunda.

Contudo, na intimidade doméstica, acentuava-se, deslumbrante, o painel festivo, qual se varinha mágica fizesse nascer de pessoas e coisas balsâmicas radiações de entendimento e simpatia.

Trajara-se a sala modesta de surpreendente grandeza, convertida em deleitoso remanso por banho lustral de amor puro que fixava sorrisos musicais de bondade em cada fisionomia.

Halos fulgurantes revestiram todas as formas alindando-lhes os traços e as cores sob o poder de ignoto cinzel.

Auréolas de esplendor tocaram os moradores, lágrimas de jubilosa esperança tremularam, furtivas, em olhos alumiados de reconforto, rostos brilharam confiantes, impregnaram-se as frontes de lume tênue, palavras ressoaram mais ternas, tonificaram-se corações em novos haustos de força e alcandorou-se a emoção a eminências desconhecidas, em transportes de irresistível candura.

Na esteira de luz em torno, transeuntes do Espaço respiraram felizes, enquanto, não longe, menestréis da Vida Maior vocalizaram canções de bom ânimo para todo o grupo tocado de intenso brilho.

A transfiguração arrebatadora e imprevista era Jesus, o conviva celeste em visita à casa humilde: instalara-se, ali, o culto santificante do Evangelho no lar.

MEIMEI

99
UM MOMENTO

Antes de negar-se aos apelos da caridade, medite um momento nas aflições dos outros.

Imagine você no lugar de quem sofre.

Observe os irmãos relegados aos padecimentos da rua e suponha-se constrangido à semelhante situação.

Repare o doente desamparado e considere que amanhã provavelmente seremos nós candidatos ao socorro na via pública.

UM MOMENTO

Examine o ancião fatigado e reflita que se a desencarnação não chegar em breve não escapará você da velhice.

Contemple as crianças necessitadas lembrando os próprios filhos.

Quando a ambulância deslize rente ao seu passo, conduzindo o enfermo anônimo, pondere que, talvez um parente nosso extremamente querido, se encontre a gemer dentro dela.

Escute pacientemente os companheiros entregues à sombra do grande infortúnio e recorde que, em futuro próximo, é possível estejamos na travessia das mesmas dificuldades.

Fite a multidão dos ignorantes e fracos, cansados e infelizes, julgando-se entre eles e mentalize a gratidão que você sentiria perante a migalha de amor que alguém lhe ofertasse.

Pense um momento em tudo isso e você reconhecerá que a caridade para nós todos é simples obrigação.

ANDRÉ LUIZ

100

ENTRE AS ROTAS DO MUNDO

Admira o trabalho do vento que desmancha a névoa a perambular no caminho...

Os raios caniculares do Sol que alcatifam o horizonte, jorrando reverberações de ouro em chamas...

A leve poeira de pólen das flores que se eleva a dançar pelos ares fertilizando a campina em ondas de encantamento...

A brisa cantora, amansando as vagas espumosas e multicores no escachoar das catadupas, em sons dispersos...

O perfume que habita o seio da rosa ou que denuncia o fruto amadurecido...

As línguas de fogo que lambem o lixo informe, ao rufar das labaredas, em largo cortejo de esplendores...

A poalha de grânulos cintilantes da imensidade, recheada de astros...

Em tudo isso — criações que te não podem passar despercebidas —, há uma ideia básica que plasma um pendor de bondade que provê, um toque de beleza que ameniza... Tudo isso fala em amor, amor de Deus — o Princípio da Caridade em todos os idiomas...

Quanto recebes da vida sem despenderes um só ceitil!

Tais espetáculos a Natureza oferece pelo contentamento maternal de ver-te feliz em seus dons inefáveis.

É o bem pelo próprio bem que Deus nos endereça.

É o bem que se faz por simples prazer.

O Sol, o vento ou a água nada reclamam.

Ensinam-nos a amar sem nada pedir; a amar sempre sem exigir coisa alguma.

Segue assim a Celeste Orientação entre as rotas do mundo.

Atende a todas as escudelas de pedintes, por onde passes, mas não te satisfaças apenas com isso; o irmão comum é nosso próprio familiar.

Deixa que a emoção te tanja as fibras da alma em mil tonalidades de carinho, diante da eloquência de um sorriso infantil, da aflição de uma lágrima da velhice, da impetuosidade ou da incerteza de um olhar da juventude...

O exemplo é o mais poderoso ímã do Espírito.

A necessidade marcha em rodízio de vida em vida, de destino em destino.

O dinheiro e as posses do corpo, ao fim da viagem terrestre, são sempre quais punhados de lama e pó que tentamos reter debalde e que nos escapam, inapelavelmente, por entre os próprios dedos.

Aconchega em teu coração, os arroubos de fazer o bem pelo prazer que o bem te proporciona com a única ideia preconcebida: a de criar alegria para as criaturas de Deus e dar aos que te rodeiam, pelo menos, leve parcela de amor do Amor Infinito que Deus nos dá.

MARIA CELESTE

ÍNDICE GERAL[3]

Adversário – 75
Aflição – 5, 65, 73
Agasalho – 37
Agradecimento – 57
Agressividade – 5, 7
Ajuda – 82, 83
Alegria – 40, 67, 78
Amigo silencioso – 5
Amor – 30, 50
Amparo – 88
Aperfeiçoamento – 34
Apoio – 41, 86
Aprendizado – 6, 8, 29, 36
Ascensão espiritual – 89
Assistência espiritual – 41
Autoajuda – 48
Autoanálise – 90

---

[3] N. E.: Remete ao número do capítulo.

Autoconhecimento – 3, 14, 38
Autossuficiência – 14
Aversão – 92
Bem – 61, 72, 87
Bênção – 32
Calma – 8
Caridade – 4, 16, 20, 51, 57, 65, 70, 85, 94, 99, 100
Causa e efeito – 53
Centro Espírita – 17
Civilização – 13
Colaboração – 31
Cólera – 13
Comedimento – 38
Compartilhamento – 7, 79
Compromisso – 8
Concepção divina – 59
Conflito – 2, 9, 23, 68
Conhecimento – 79
Conquista – 24
Controle – 2, 13
Conversação – 76
Coração – 79

ÍNDICE GERAL

Corpo – 37
Corrigenda cristã – 16, 54
Cristianismo – 5, 49
Crítica – 47
Cura – 41
Decálogo – 28
Desapego – 40
Desencanto – 15
Deus – 8, 93
Dificuldade – 16, 67
Dinheiro – 45, 99
Divina vontade – 90
Doador cristão – 12
Domínio – 14
Donativo – 20
Dor – 78
Educação – 10, 90
Emoção – 43
Encarnação – 72
Enfermidade – 74, 79
Enfermo – 1
Engano – 77
Ensinamento – 16

Entidade trevosa – 22
Erro – 91
Escravidão – 45
Esperança – 93
Espiritismo – 47
Estudo – 28, 78, 89
Evangelho – 36, 78
Evangelização – 34
Evolução – 32, 40
Façanha – 69
Família – 75
Fé – 42
Fenômeno mediúnico – 63, 34, 55,
Forja doméstica – 53
Fortaleza – 6
Fraternidade – 74, 85
Fuga – 76
Gentileza – 24
Gesto cristão – 20
Ginástica – 95
Harmonia espiritual – 95
Humildade – 75, 82
Idoso – 25

Ilusão – 45, 50
Infância – 30, 34
Influência – 73, 83
Injustiça – 60
Intimidade – 40
Intoxicação mental – 21
Intranquilidade – 81
Jesus – 42, 46, 98
Juventude – 77
Lei – 63, 70
Limpeza – 43
Livre-pensador – 52
Mágoa – 76
Mal – 84
Mente – 88
Ministério divino – 37
Minuto decisivo – 87
Moderação -- 96
Morte – 70
Natureza – 40, 44, 64
Ninho de aflições – 21
Nora – 92
Obra – 47

Obsessão – 13, 27, 41
Ociosidade – 4
Oração – 29, 74, 90, 93
Orientação – 77
Paciência – 8, 9, 39, 79, 87, 93
Palavra – 42, 79
Pedido – 41
Perdão – 90
Perseverança – 28
Polêmica – 36
Policiamento – 43
Preconceito – 25
Prejulgamento – 52
Problema – 88
Prodigalidade – 24
Pureza – 30
Racionalidade – 50
Reclamação – 9, 14
Recomeço – 91
Recurso divino – 59
Reencarnação – 33, 92
Regime – 95
Religião – 46

ÍNDICE GERAL

Remorso – 56
Renovação
Respeito – 86
Ressentimento – 48
Restauração – 33
Ritual – 46
Roteiro de luz – 58
Sabedoria – 44, 64
Salvação – 6
Santuário – 46
Semeador – 35
Sentimento – 23
Sepultura – 50
Sexualidade – 96
Sofrimento – 11, 33, 35
Sogra – 92
Sol divino – 10
Sucesso – 84
Tentação – 21
Tolerância – 7, 71, 77
Trabalho – 22, 29, 49, 63, 71, 75, 89, 94
Treva – 22
Tristeza - 65

Vaidade – 11
Vegetal – 44
Verbosidade – 36
Vício – 42
Vida – 78
Vigilância – 88
Vínculo – 16
Vingança – 90
Violência – 3, 13

www.febeditora.com.br

/febeditora /febeditoraoficial /febeditora

Conselho Editorial:
Jorge Godinho Barreto Nery – Presidente
Geraldo Campetti Sobrinho – Coord. Editorial
Cirne Ferreira de Araújo
Evandro Noleto Bezerra
Maria de Lourdes Pereira de Oliveira
Marta Antunes de Oliveira de Moura
Miriam Lúcia Herrera Masotti Dusi

Produção Editorial:
Elizabete de Jesus Moreira
Luciana Vecchi M. Cunha

Revisão:
Wagna da Silva Carvalho

Capa, Projeto Gráfico e Diagramação:
César Oliveira

Foto de Capa:
Acervo público | pexels.com

Normalização Técnica:
Biblioteca de Obras Raras e Documentos Patrimoniais do Livro

Esta edição foi impressa pela Gráfica e Editora Qualytá Ltda., Brasília, DF, com tiragem de 2 mil exemplares, todos em formato fechado de 100x130 mm e com mancha de 66x104 mm. Os papéis utilizados foram o Off White Bulk 58 g/m² para o miolo e o Cartão 250 g/m² para a capa. O texto principal foi composto em Georgia 12,5/18 e os títulos em BaskervilleOldFace 20/21. Pantone miolo 3515U. Impresso no Brasil. *Presita en Brazilo.*